自主学习时代

不上补习班，该如何学习？

郑耀宗　著

成都时代出版社
CHENGDU TIMES PRESS

代序

没有心理健康就谈不上身体的全面健康。据统计，我国成年人精神障碍终生患病率为 16.6%，排在第一位、第二位的分别为焦虑障碍、心境障碍；《中国国民心理健康发展报告（2019—2020）》显示我国 24.6%的青少年抑郁，其中重度抑郁的比例为 7.4%。然而社会偏见、歧视仍广泛存在，讳疾忌医者多，科学就医者少。

健康的第一责任人是自己，心理健康的第一责任人也是自己。“人民日益增长的美好生活需要和不平衡不充分的发展之间的矛盾”已成为我国社会的主要矛盾。各种各样的精神心理学教材、专著，精神障碍防治指南及有限的精神心理卫生服务资源难以满足广大人民的需求，只有加强精神心理健康知识的科普，帮助人们了解常见精神心理行为问题的特征与处理常识，才使人们能更好地成为自己心理健康的责任人。

对心理健康知识的科普势在必行。党的九大提出要“加强社会心理服务体系建设，培育自尊自信、理性平和、积极向上的社会心态”，2018 年 11 月国家卫生健康委、中央政法委、中宣部等 10 部门联合印发了《全国社会心理服务体系建设试点工作方案》，提出要加强全民健康意识，健全心理健康科普宣传网络，显著提高城市、农村普通人群心理健康核心知识知晓率。《中国公民健康素养 66 条》《“健康中国 2030”规划纲要》《关于加强心理健康服务的指导意见》《健康中国行动（2019—2030 年）》等都强调健康优先，要把健康摆在优先发展的战略地位，迅速普及健康理念、健康生活方式就成了重要手段。

作为一名工作了二十多年的资深精神心理专业医师，笔者深知宣传精神心理卫生知识的重要性；作为四川大学心理卫生中心的支部书记兼副主任，以及四川省预防医学会行为与健康分会主任委员，更感责任重大。为贯彻落实党的十九大精神，以习近平新时代中国特色社会主义思想为指导，本着科普性、实用性、启发性的原则，以案为例，或专家点评，或患者口述等多种形式，意在全社会弘扬精神心理科学精神、传播精神心理科学思想、普及精神心理科学知识、倡导精神心理健康科学方法，推动“全疾病周期”的预防治疗康复理念向“全生命周期”的预防治疗康复理念转变，建立“家庭—学校／单位／社区—医院”的全方位、全社会关注体系，突出家人、个体的主体意识，坚持预防为主，传播精神心理行为问题“早发现、早诊断、早治疗、早康复”的

“四早”理念。为此，四川大学华西医院心理卫生中心、四川省预防医学会行为与健康分会联手成都时代出版社打造《萤火虫心理健康科普丛书》，希望能为加快实施“健康中国”战略，促进公民身心健康，维护社会和谐稳定尽自己的一分力量。

邱昌建

2021 年 8 月 26 日

自序

2015年9月，我给一个学生做咨询，在咨询的过程中涉及一些问题需要经常和家长交流，正好这位家长是出版社编辑，他建议我："郑老师，我觉得你可以把你的理论写成书！""我的东西可以出书？"我对此抱着怀疑的态度，因为在我的意识中写经验总结类的书应该是等人老了，人生积淀到一定程度后才能做的事情。于是，我回应他说："还很不成熟，等等吧！"他却执拗地说："郑老师，凭我的经验，你有这个水平，可以写的，你写就行了，我可以帮你出版！"我礼貌性地回应："谢谢！我准备好了一定找你帮忙。"这件事就这样被搁置了。

过了几年，有一天，当我看完欧文·亚隆《给心理治疗师的礼物——给新一代治疗师及其病人的公开信》的时候，眼前忽然一亮，我是不是也可以按照这本书的写作方式去写一下这几年对学生咨询的一些感受和总结呢？创作的灵感喷涌而出，用了半个小时我就把内容梗概拉了出来，基本上形成了本书的目录。这可能就是美国存在主义心理学家罗洛·梅所说的交会，抑或是佛教所说的机缘，正好在这个特定的时机，才做了这件特定的事情。这里要感谢那位编辑的提醒和欧文·亚隆带给我写作方法的启发，感谢你们！

2021年7月，国家出台“双减”政策，为减轻学生负担，国家下了大力气，这正好切合我写这本书的本意。自我学习的能力和自主性，其实是一个人成长必备的素质。原来写这本书的目的就是想唤醒沉睡的家长，现在回归本源，为家长和学生提示一些自主学习过程中要注意的问题，并提供解决之道，希望能为孩子的成长助一臂之力。

这本书是我多年学生咨询工作的总结，大部分是从实战中得来的，也有一小部分内容主旨思想是我的，由于在实践中确实涉及得比较少，只能通过查资料的方式来补充。比如健康部分涉及的饮食和运动，第四章涉及各科的学习方法部分。由于在我的咨询工作中这方面的需求相对较少，所以实践得不够扎实，但是为了自主学习这套理论的完整性，我就通过查阅资料和请教各科目相关老师，梳理出了自己的理解。希望读者在阅读过程中多批评指正，这能够帮助我更好地学习成长。

本书从学生的身心健康、学习状态、学习习惯、学习方法和独立能力五个方面入手，这也是我在学生咨询工作中广泛涉及的，其中身心健康和学习状态是孩子学习的根基，学习习惯和学习方法是分数提升的保证，独立能力则是孩子想要变得更优秀需要具备的品质。在我的咨询工作中，很少有家长和学生能做到满分，大部分时候是家长的耐心不够，力量不足。他们做不到的时候就会放弃：“郑老师，这孩子太让人操心了，你说的我们做不到！”家长停止了成长，孩子紧跟着失去了提升的机会，我感到非常惋惜，但更多的是无奈。如果家长和孩子有机会拥有这本书，在孩子学习的过程中遇到了问题，可以多翻阅几遍。当然，这本书在一些地方没有办法给到大家更细致具体的技巧和方法，如果家长和孩子需要更进一步的提升，可以购买其他相关的书籍，也可以找专业老师咨询。我的观点是：每个孩子是不同的，成长的环境不同、性格特点不同、对知识掌握的情况不同，所以我们对待孩子的方式也应该不同，最好的方法就是顺应他（她）的特点去帮助他一步步提升能力，而不是盲目按照某个标准生搬硬套，这样往往会适得其反。作为读者，你首先要做的就是通览本书，然后根据孩子的问题，再去熟读你需要的部分。

文中我会用大量的案例来说明问题，这些案例都是我在咨询工作中真实遇到的，为了遵守保密原则，我会对信息进行加工处理，这是对我的来访者和学生的尊重。

最后，感谢为本书出版给予大力支持的四川大学华西医院心理卫生中心书记邱昌建教授、成都时代出版社张旭老师，感谢我的夫人王丹华女士多年来对我从事心理卫生和教育工作的默默鼓励，感谢一路走来帮助我的所有人。也非常感谢读者能阅读本书，希望书中的观点能对你有所帮助。如果你有更好的心理卫生和教育方面的经验和观点，希望我们多交流，我的邮箱是flyzyz@126.com。

郑耀宗

2021年8月12日

目录

Contents

第一章　身心健康

第二章　学习状态

第三章　习惯养成

第四章　学习方法

第五章　独立能力

第一章

身心健康

学习是为了什么？

当然是为了使自己的人生更幸福！

如果为了学习，损失掉健康，谁会愿意？

大家都会理智地说：没人愿意！

但很多家长在孩子的学习生涯中忘掉了这些，

孩子正在一步步损失自己的健康！

家长正在做的事情就是他们不以为然的事情

——捡了芝麻丢了西瓜。

别笑别人，审视一下你自己，是否也是这样？

一、捡了芝麻丢了西瓜

开篇我就讲健康，很多家长和孩子肯定会很疑惑，这是一本教孩子如何自主学习的书吗？健康让营养科学老师来讲就好了。当然，如果你那样想，我很高兴，我这里也不过是抛砖引玉。很多家长可能很想把这一部分跳过去不看，但我觉得如果你是中小学生的家长，抑或你是中小学生，请还是老老实实从头到尾认认真真看完，哪个环节都不能够错过，至于是否需要看第二遍、第三遍……那就要看你个人的需求了。

但凡想跳过去不看的读者往往忽略了孩子的身心健康，只是一味地追求分数和名次去了（有的表面看起来很注重健康，其实并没有落到实处）。这样做的结果可能是：一部分孩子分数上去了，身体健康没有了；另一部分孩子成了抑郁症、焦虑症患者，身体健康当然也失去了。

还有很多家长认为，注重孩子的身体健康就是什么好东西都让孩子吃，一味地补充各种营养，剩下的就是好好学习了。这类孩子健康吗？不一定健康，说不一定还会营养过剩。我想问一下这类家长，你们测试过孩子的身体健康指标吗？

有的家长倒是注重孩子的饮食和体育锻炼，孩子的身体指标也很正常，可他们不断地用打击、唠叨和挖苦的语言折磨孩子，美其名曰：挫折教育。结果呢？问题小点的，孩子逆反了、不听话了、离家出走了，问题严重点的，孩子抑郁了、精神“分裂”了，这个时候家长傻了。还有一类是盲目溺爱，孩子饭来张口、衣来伸手，只会学习，没有生活自理能力……如果这些问题发生在中小学期间，还有时间可以弥补。看看下面这篇报道：

大学生啃老 7 年，被父母赶出家门

29 岁男子徐青，大学毕业后，被父亲安排到自己老同学的公司上班，他工作了 3 个月就辞职了。后来父母又帮他联系了几份工作，他都推了，说没意思，不想干。现在自己在家里上网，无所事事。

后来，他在网上认识了一个女网友，并把她带回家里同居。父母从劝说到斥责，他非但不听还怒

目相对，最后双方大打出手。

他固执地认为没有工作也应该恋爱，父母有义务养他。

无奈之下，父母将他告上法院，要求其搬出房子。判决生效后，徐青仍不履行。于是父母又向法院申请了强制执行，徐青很是不服，并向父母吼道："你们就是想逼死我，我要让你们断子绝孙。"

当然，我们不知道这篇报道的主人公徐青的成长经历，不过可以肯定的是，徐青的父母在他青少年时期没有注重孩子身心健康的发展，如果注重这个问题，也不会出现报道中的情况。通过这篇报道我只是想告诉家长，如果你在孩子小的时候不注重他的身心健康，等孩子大学毕业了，进入社会了，后悔就来不及了。

提醒完家长了，正在看着本书的孩子，你呢？你是不是除了学习什么都不会？你体育及格了吗？你有业余爱好吗？你与同学关系好吗？你与老师关系如何？你和父母相处得融洽吗？离开家长你能够独立生活吗？如果存在疑问，都需要提高警惕，这说明你的健康可能出了问题，要引起重视，而不要只关注成绩！

现在很多学校已经把社会实践当成作业让孩子去做了，可是孩子们做得怎么样呢？我观察到的情况是，很多孩子和家长把这件事当成了儿戏，要不老人帮着干了，要不草草应付了事，根本没有当回事。有的甚至流于表面，开学前找人盖章做虚假证明。试问有几个家长领会了老师布置生活作业的真正目的？那不是孩子本身应该做到的吗？

家长应该意识到孩子首先是社会人，首先得学会生活，不会生活本身就已经不健康了，学习又有何用？难道孩子只应该学习读书吗？那不成书呆子了？看书学习难道不是为了更好地生活吗？孩子只会读书而没有一点生活能力是家长希望看到的吗？

别忘了，学习书本知识并不是人生唯一应该做的事情。孩子身心健康、生活能力强，才是根本。

只有身心健康了，学习的作用才能够更好地凸显，不要捡了芝麻丢了西瓜。

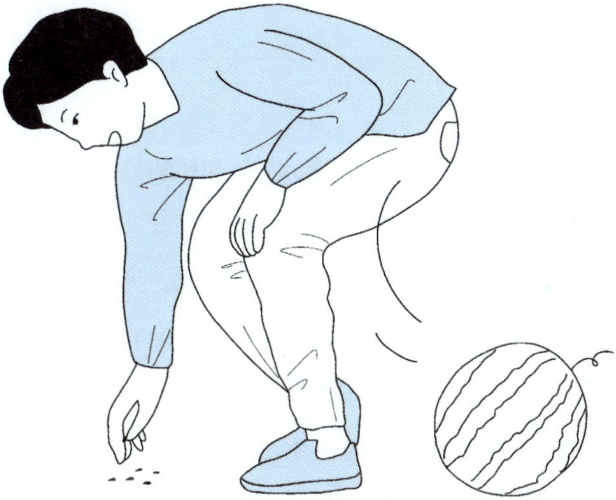

二、怎么吃才更好

植物的成长需要阳光、水分、空气和矿物质等，动物的成长也需要营养。但凡世上存在的生物，都离不开一个“吃”字。吃是自然界中的生物获得养分的必要方式。吃，更是人类能够存活的根本。吃得好，身体健康了，对学习的帮助才会更大。

当然，我们不是要谈论如何吃得饱。

吃饱对现在的孩子来说基本不是问题，反倒容易营养过剩。很多家长小时候没有吃上的东西，现在全给孩子补上了，他们当时吃腻的东西一点也没让孩子碰。这就走向另外一个极端，出现了另一种不平衡。

现今社会更多需要解决的是如何吃得更好、吃得合理的问题，用一句话总结：营养搭配均衡。就是什么都要吃点，合理配餐，保证身体内的微量元素不缺乏，不挑食，不积食。

对于中小学生来说，怎么吃才能更好呢？

早餐，首先建议一定吃热的。早晨起床，人的血管还处于收缩状态，吃热食能够保护胃气。当然，早上运动一下再吃饭会更好，要以碳水化合物的主食为主，比如粥、米、面，尤其以全谷类如全麦馒头、麦片粥、山药粥等为好，加上一些新鲜的蔬菜，早餐摄入的热能要占全天总热能的30%。午餐，要荤素搭配营养均衡，午餐热能要占全天总热能的35%~40%。晚餐则要减少大鱼大肉等高蛋白、高脂肪的食物摄入，以免影响睡眠，晚餐热量占全天总热能的30%~35%。根据《中国居民膳食营养素参考摄入量速查手册》（2013版），中国居民膳食能量每日需要量6–10岁男生为5860~9418千焦、女生为5232~8372千焦，10–14岁的男生为7535~10883千焦、女生为6907~9627千焦，14–18岁的男生为10465~13395千焦、女生为8372~10674千焦，根据活动量不同适当摄入，活动量小的按低标准，活动量大的按高标准。

对于学生，吃哪些食物能够提高记忆力呢？牛奶、鸡蛋、鱼类、贝类、花生、小米、玉米、黄花菜、辣椒、菠菜、橘类、菠萝等都是对记忆力有帮助的食物。

中小学生的骨发育正处于旺盛时期，对钙、磷的需要较多，膳食中应注意供应充足的钙、磷，以利于孩子身体的成长。

不管家长如何去做，我还是不建议刻意大量补充，凡事过犹不及，适当的才是合理的，注意各种营养调和。人身体所需要的营养达到一种合理的平衡，这才是最优的方式，家长不要盲目去给孩子补充，比如一个机器，如果各个零件都是最优的，但就是磨合得不好，这个机器也是没用的。如果家长担心做不好的话，建议到医院营养科找医生进行诊断，并给出最优解决方案。

上面讲到的是孩子吃什么和如何吃的问题。其实很多时候令家长头疼的是吃饭的时候孩子不听话，有挑食的、有暴饮暴食的……这些都会导致孩子身体发育出现很多问题。其实，这主要是和孩子沟通出现了问题，如何和孩子沟通好，我在《好的沟通胜过一切》这一节中有详细讲解，家长可以去翻阅。除了孩子本身体质对某些食物不吸收之外，孩子吃得不好基本都是因为家长和孩子的沟通出现了问题，或者说是管教出了问题，需从这方面着手解决。

这里要提醒家长，尽量不要强迫孩子去吃，一定要让孩子吃得顺心、舒心。遇到孩子对抗特别强烈的时候，让孩子先吃喜欢的食物，桌上的菜肯定有孩子喜欢和不喜欢的，先吃喜欢的食物，会使孩子在情绪上获得满足，心情会愉快起来。不喜欢吃的食物，循序渐进，家长慢慢引导，自然就会越来越好。

我的一个学生，来我这里参加学习能力训练营。有一次过节，因为时间紧，我没办法回家吃饭，这个学生的家长就请我参加他们家的聚餐。吃饭的过程中，家长把孩子的碗填得满满的，根本不顾孩子是否喜欢，我看孩子也没有抵抗，只是无奈地乖乖接受。后来我才知道，孩子不仅是学习方面，生活的方方面面，都是家长设计安排好的，孩子根本没有自主权。这样的养育方式，孩子能好吗？连吃饭都变成了孩子的一项被动任务，岂不可悲？其他事情呢？也是一样，孩子根本没有自己的主见，做所有的事情都处于一种完成任务、应付差事的状态。后来，在我的提醒下，这个孩子的家长改变了很多，孩子也就跟着改变了。

有时候，在合适的时机进行合理的引导也是很重要的。我的父亲因为小时候没有粮食吃，家里一日三餐都是胡萝卜，最后导致父亲看到胡萝卜都想吐。所以，从小父亲就给我灌输胡萝卜如何不好吃的观念，我也一直不喜欢吃胡萝卜。当有一天我听说胡萝卜营养价值很高，才开始慢慢接受它，到现在我已经很喜欢吃了。有一个亲戚家上幼儿园的小朋友暑假期间住在我家，他不喜欢吃蔬菜，我没有强迫他吃，但会在平时不经意地暗示他蔬菜的好处和某种蔬菜如何好吃，一次偶然的机会，我让他尝试吃一下蔬菜，他也觉得可以，之后，他只要吃蔬菜我就不断地鼓励他，加上偶尔给他一个小奖励，一个月下来，对蔬菜他也就慢慢接受了。其实这个孩子最初是吃蔬菜的，由于家里两个姐姐从幼儿园时期开始就住校，学校伙食比较差，她们就对只肉食有很大的兴趣，后来两个姐姐回家，吃饭时对肉食的“热爱”对这个孩子产生了很大的影响，他就跟着姐姐们“热爱”肉食了。所以，找到孩子挑食的根源，抓住契机进行正确引导，也是解决孩子吃饭问题的一种很好的方式。

总之，无论在什么情况下，孩子饮食不仅要注意合理的营养搭配，还要尽量让他们吃得高兴、顺心。作为家长，一定要做好引导，除非在某些特殊情况下，否则最好不要强迫孩子补充营养。

三、找适合自己的运动方式

生命在于运动，运动可以提高我们的身体素质，而身体又是革命的本钱，所以一定要运动，特别是有氧运动，这是我对所有家长和孩子的忠告！只有拥有强健的体魄才有足够的精力去学习！

运动不仅有利于人体骨骼、肌肉的发育，增强心肺功能，改善血液循环系统、呼吸系统和消化系统的机能状况，有利于人的生长发育，提高抗病能力，增强有机体的适应能力，还可以缓解紧张情绪，改善生理和心理状态，恢复体力和精力。

对学生来说，运动可以增进身体健康，使疲劳的身体获得休息，进而有充沛的精力投入学习中。当然，运动还可以舒展身心，有助于睡眠和消除读书带来的压力。

如何选择一项适合自己的运动呢？自己喜欢是最重要的，喜欢高于一切。足球、篮球、跑步、游泳等，只要孩子喜欢，让他去做就好。除了可以按照自己喜欢的方式去运动外，是否可以找到既可提升身体素质又适合自己的运动方式呢？当然有，这里列举一些适合学生的运动方式。

1. 跑步

跑步可以增强肌力，令肌肉量达到正常的水平，同时提高体内的基础代谢，加速脂肪的燃烧，也可以达到减肥的效果。跑步时，大脑的供血、供氧量可以提升25%，血液中氧气的携带量也会大大增加，对学生的睡眠也有很大的帮助。慢跑可以抑制肾上腺素和皮质醇这两种制造紧张感的激素的分泌，释放内啡肽，可以消除紧张感，有利于学生减压。长跑能增强与提高心血管系统、呼吸系统、消化系统和神经系统等系统的功能，并有助于培养坚定的意志和顽强的斗志，这也是训练孩子毅力的一种方法。现在很多孩子毅力不够，怕吃苦。通过长跑，既锻炼了孩子的身体，也提升了孩子品质。短跑能够促使蛋白和肌红蛋白量增加，增强心脏的耐受力，提高抗乳酸的能力，减少酸痛，同时可以增强孩子的爆发力。

2. 篮球或足球

这两种运动属于团体运动项目，只靠一个人是不行的，需要发挥所有参与者的智慧来思考判断，不仅对大脑的神经反应能力有很大的帮助，还可以提升孩子的团队协作能力。这种运动可以培养孩子永不服输的团队精神。它们和长跑运动一样，也是舒缓紧张感和压力的一种好办法！这两种运动的缺点就是容易受伤，不过只要稍加注意就可以。

3. 乒乓球

乒乓球运动既能够有效地发展孩子的反应灵敏度、肢体协调性和操作思维的能力，还可以培养孩子勇敢顽强、机智果断的品质，调节神经，增强智力。另外，打乒乓球对眼睛有好处，打球时，双眼以球为目标，不停地上下运动，可以改善睫状肌的紧张状态，使其放松和收缩；眼外肌也可以不断运动，促使眼球组织的血液循环，提高眼睛视敏度，消除眼睛疲劳。

4. 羽毛球

打羽毛球是一项很不错的运动，学生坐的时间比较长，颈椎很容易出问题，羽毛球运动可以很好地避免这类问题的发生。同时，它还能做到锻炼全身肌肉，在羽毛球运动中，学生需要不停地运用手腕和手臂的力量握拍、挥拍，还要充分地活动踝关节、膝关节、髋关节等部位，在捡球、接球的过程中，又会不断地弯腰、抬头，全身肌肉和关节都能得到充分的锻炼。同时它和乒乓球一样，也是需要动脑筋的，对思维的灵活度有很大的提升作用，当然也锻炼了孩子的眼力，对孩子的视觉敏感度也有很大的提升。

5. 游泳

游泳号称“运动之王”，因为它不仅锻炼人手、脚、腰、腹的力量，而且惠及脏腑，如心、肺、肝等。除此之外，游泳特别对血管有益，被誉为“血管体操”。游泳能够避免其他运动可能会对人体关节所造成的损伤，减少炎症的风险，缓解运动型哮喘，很多游泳运动员当初都是为了治疗哮喘才进行这项运动的。

除了上述这些运动项目，孩子还可以选择跆拳道、武术、跳绳、踢毽子、仰卧起坐、俯卧撑、拉单杠、撑双杠……这里就不一一列举了，每个人根据自己的身体条件，选择适合的运动方式，对你的健康一定有益。这里要强调的是，一定要坚持天天运动，这不仅有利于你的身体健康，也使心情愉悦，同时也是毅力和习惯的养成训练！

另外，根据中小学生生理发育特点，在运动的时候一定要注意以下几点：

1. 中小学生骨骼承受的压力和肌肉拉伸的能力不及成人，容易发生弯曲、变形。为了防止他们脊柱、胸廓、骨盆及下肢发生变形，运动中一定要他们养成站、立、跑、跳的正确姿势。

2. 有些运动项目，如乒乓球、羽毛球、投掷运动或跳高、跳远等，肢体的负担是非对称性的，握拍手、投掷臂、踏跳腿负担偏重。遇到这类运动一定要注意身体各部分的全面锻炼，避免身体的变形。

3. 中小学生由于脊柱生理弯曲度较成人小，缓冲作用差，故不宜在坚硬地面上反复进行跑跳练习。为不影响下肢的发育，也不宜过早地从事力量性练习。

4. 中小学生关节活动幅度大、柔韧性好，宜进行柔韧性练习，但要防止髂软骨病及关节损伤的发生。

5. 在剧烈运动中，中小学生肺的最大通气量、最大吸氧量及负载能力都小于成人，因此对于他们的运动负荷要进行合理安排，强度可以稍大一些，但不应要求过高、过急，密度要小一些，间歇次数要多一些，练习时间不宜过长。

6. 避免做过多的屏气、倒立、背桥等运动，做多了对心脏有影响。

7. 运动中最好多穿插一些丰富多彩的活动，把运动作为一种游戏，也利于孩子的心理健康。

本节内容主要参考姚鸿恩老师主编的《体育保健学》（第四版），如果家长和孩子要了解更详细和科学的运动方式，可以仔细阅读这本书。

四、你学的这个，我要学吗？

有一个男生，准备升初三，是一个从教育资源相对匮乏的地区考入成都的孩子，他当初是通过面试直接进入成都某重点中学的。初中两年，母亲帮他找过很多老师咨询、补习，成绩却一直下滑，来见我时成绩是班中倒数第五名，学校老师和家长已无能为力。为什么成绩会一直倒退呢？究其原因，原来小学的时候家长盲目补课，凡是涉及学科学习的所有培训全部给孩子报了，周末安排得满满当当，并且填鸭式地灌输给孩子，孩子在学校几乎不用听课，成绩都名列前茅，其间参加国家级和亚洲比赛也得过奖，老师觉得孩子聪明，孩子觉得自己厉害，家长也很是骄傲。从表面上来看，这个孩子小学相当优秀，但是家长缺乏对孩子学习兴趣的培养，习惯也没有加以训练，上初中后，随着学业压力的增大，依靠外力提升分数的方法越来越没效果，成绩便一步步下滑。特别是英语，由开始觉得简单不愿意听课，到害怕吃苦不做作业，最后发展到对英语学科的厌烦。原来这个孩子的爸爸以前上学的时候，英语特别差，高三复读了两年才考上大学，所以，从幼儿园的时候家长就开始要求孩子强化学习英语，害怕将来吃亏。防患于未然当然不是问题，但这个家长没有进行正确引导，孩子表面上应承，其实心里厌烦，大部分学习是被动接受，完全没有积极性，这就埋下了祸根。由于小学阶段对英语没有量化考核，家长感觉孩子英语能力培养得不错，始终不知道那是一个假象，等初二各科难度增加时，由于基础习惯没有得到训练，孩子出现怕苦怕难、偷奸耍滑的现象。在做英语作业过程中，题目看都不看，胡乱写上，加上作业都是学生之间互相批改，很多学生都是应付了事，根本不管对方做的是对是错，长此以往成绩下滑也是必然。

这个例子其实告诉我们家长，不要把自己的意愿盲目强加给孩子，强迫孩子去学习自认为对孩子有帮助的东西，搞不好会过犹不及。孩子学什么东西、爱好什么，需要家长细心观察、理性分析，根据孩子的特质去发现孩子的兴趣点。要知道热爱比什么都重要，不要一窝蜂地随大流。别人的孩子学什么，就让自己的孩子去学；自己觉得不错的，也强加给孩子。还有很多人看到社会上流行什么就让孩子去学什么，这都是不可取的。记着，别人家孩子学的咱家的孩子不一定学，别人家孩子能学好的咱家的孩子不一定学得好。我赞同让孩子多尝试、多接触一些东西，发现孩子喜欢和擅长的点，然后有重点地进行培养，如果在这个过程中能够发现孩子的天赋，那是孩子的幸运！

中国的家长，大多数时候过于功利。孩子只要学点什么东西，非要考点什么，学钢琴不是为了陶冶情操，而是为了等级证书；学奥数不是为了拓展孩子的逻辑思维，而是为了争取一张好学校的通行证；学画画不是为了发展孩子的创造性，而是为了参加比赛……这些都背离了学习的初衷，效果往往不佳。孩子把这些当成了累赘，在痛苦和煎熬中学习，能学成什么样？当孩子抱怨的时候，家长又有话说："吃得苦中苦，方为人上人！"其实，很多家长根本不理解这句话的含义，盲目让孩子吃苦受累。要培养孩子坚毅的品质也要分主动和被动两个方面，如果孩子主观上想学习，吃苦受累是没有问题的，如果孩子是被动的，那可能会发展成厌恶学习，得不偿失。所以说，家长应该采取疏而

不堵的策略，把重点放在引导孩子学习的兴趣上，而不是盲目强压。当然，家长一定要注意一点，锻炼孩子的毅力和培养其学习习惯的时候，一定把握好一个原则：行为上可以严格要求，但一定要注意孩子的心理状态。所以说，学什么不重要，重要的是让孩子喜欢学、爱学。

在孩子成长的过程中，家长也要注意强化孩子的通识培养。通识教育的目的是培养孩子独立思考的能力，且对不同的学科有所认知，能将不同学科的知识融会贯通，最终的目的是培养出健康完整的人格，使博学与精专相统一。一定多培养孩子的社会科学素养、人文素养、自然科学与技术素养、美学艺术素养、实践能力素养等，我们经常提的素质教育在“德、智、体、美、劳”方面有很好的展现。让孩子尽量多地接触一些知识，孩子的基础素养得到了提升，等孩子成人后，适应社会的能力就会更强。为什么现在很多人大学一毕业，从事了一项工作，到老都不敢变换职业，究其原因就是各方面的基础素养太差了，稍微变换一下就应付不了，只有一辈子老老实实待在自己的工作岗位上不敢乱动。

如果孩子各方面的基础素养提高了，成人后他就能够根据自己的兴趣，顺利进行身份转换。迄今为止，这方面最牛的就是达·芬奇，他不仅是画家，还是天文学家、发明家、建筑工程师，擅长雕刻、音乐，通晓数学、生理学、物理、天文、地质、水利、军事、考古等学科，他保存下来的手稿大约6000页。爱因斯坦认为，达·芬奇的科研成果如果在当时就发表的话，科技发展可以提前三五十年。看起来，达·芬奇很牛，其实他的所有成就都是相互关联的，互相之间有促进作用。通过达·芬奇的例子，我们会发现，掌握各类知识对我们从事任何一项工作都是有帮助的。

如果一个人想有突出成就，他的知识就不能仅仅局限在一个方面，而需要其他方面的积淀和补充。我认识一位很著名的摄影师，他从三岁开始学画画，最后转行做了摄影师，他告诉我，你不要以为拍照那么简单，当然，从小学画画让他很早就知道怎么捕捉美，仅仅这一点肯定不够，机器的使用、软件的应用，以及医学、生物学、数学、物理甚至化学的知识都要具备，这样才能更好更深入地做好摄影工作。他说的这点我自己也深有体会，作为一名心理学工作者、教育工作者，我越来越发现自己所要学的东西不仅仅是心理和教育两个方面的，美术、音乐、古典文学、中医理论、科技、物理、数学……要了解各行各业的知识，这些对我的工作都会有很大的帮助，有的时候甚至是被动地必须去学，不然工作开展起来就非常困难。所以说，从小开始培养孩子各方面的基础素质，对他的人生一定有很大的帮助，不要短视地只看分数而忘了其他。

别人学的你的孩子要学吗？不一定非要学，但是要多开阔孩子的视野，从多方位培养孩子的能力素质，一定把孩子的基础夯实，杜绝急功近利，请相信水到渠成！

五、给我个提升智力的方法吧！

小杜，某私立重点中学初一学生，因为成绩在班里垫底而被父母带来见我。孩子是自己考上这所学校的，按道理说小学成绩应该还是不错的，但是上初中后成绩一降再降，家长被老师叫过去很多次，孩子和家长都非常焦虑。通过和他们沟通，我发现孩子写作速度非常慢，拖拖拉拉，并且在做作业过程中经常走神，学校老师反馈说孩子上课走神问题也非常严重。我告诉家长需要有足够的耐心提高孩子的专注力，提升作业效率。家长在做的过程中发现孩子书写也异常缓慢，妈妈和孩子一起做，妈妈做完了，孩子还没有做到一半。于是我建议家长先把孩子的写作速度提上来。但效果不是很明显，妈妈更加焦虑，甚至问我："郑老师，孩子是不是智力有问题？有没有办法提升一下孩子的智力？"

很多家长在孩子成绩出现问题、管教失效、无力帮助孩子的时候，总是找出很多理由来安慰自己，"这孩子不是学习的料！""这孩子不够聪明！""孩子没有理科思维！""孩子没有语言天赋！"……当然，这些理由给了自己，家长就不痛苦了，人们往往用这种方式来自我麻痹。孩子的基础素质不行，学不好变成正常的了，家长就开始偷懒了，不去寻找帮助孩子的好方法，这实在不可取。我很欣赏教育专家周弘老师，他的女儿周婷婷天生耳聋，但周老师没有放弃，想尽办法把女儿培养成中国第一位少年聋人大学生。周弘老师不过是在发现女儿的缺陷时，没有放弃，想尽办法，为孩子营造一个比较好的学习环境，教导孩子掌握更好的学习方法而已。一个"老三届"的毕业生，用爱创造出了一种教育方法。我的一位朋友，他的孩子身心发育迟缓，学习、沟通都存在一些问题，家长异常焦虑，经常跟孩子发脾气。经过几次咨询，家长真正明白：无论孩子状况好坏，不去过多关注孩子的问题，经常鼓励他，才会对孩子有所帮助。半年后，孩子各方面都得到了改善，学习分数有所提高。回访的时候，家长很是高兴，我也明显感觉到他内心的一种平静。我们很多家长其实没有把精力放在如何更好地教育孩子上，大部分时间都浪费在了盲目恐慌上，甚至病急乱投医，最后不但自己情绪一直不好，也耽误了孩子。

回到文章开头，小杜最后被妈妈送到一个高效记忆训练营，参加记忆训练，进行一周的训练后，他妈妈告诉我，孩子没有智力问题，老师要求训练一个多月才能达到的水平，孩子用了一个星期就达到了。

到底有没有提升智力的方法呢？科学研究发现人的智力水平的决定因素中先天基因和后天环境各占50%。基因决定大脑结构，后天经验决定神经元之间的连接。基础是改变不了的，增加神经元之间的连接才是重中之重。可以通过训练来提升孩子的学习速度和学习效果，如何去做呢？应从四个方面着手。

第一　读万卷书

我建议孩子多读书，当然家长也要多读书。不论是天文地理，还是科技前沿，抑或是散文小说，多去阅读，阅读多了，你的知识面就宽广了。对成人来说，知识面宽广以后，不管做任何事情，你的心里就有底气，思路就比较开阔，成功的概率就比较大。孩子也一样，读的书越多，知识面越广，他的学习能力就越强。因为涉猎广泛，很多知识在不经意间渗透到脑袋里，等到进行专业知识的学习时就比较容易，因为你已经早早做好了铺垫。有句话叫“磨刀不误砍柴工”，大量的阅读就是在磨刀，等要砍柴的时候，自然就有锋利的刀可以用。所以，不管你的孩子多大，从现在开始增加孩子的阅读量，你着手得越早，孩子的收益就越大。

第二　行万里路

“实践是检验真理的唯一标准”，这句话我估计每个人都快听腻了，但是你若只是看，只是想，不做，等于什么都没有。其实实践对孩子很重要，特别是生活的历练，对孩子尤其重要。不管是家里的日常杂务，还是生活问题的解决，一律多让孩子参与。孩子参与得越多，他的生活能力就越强，他对生活的把控能力就会越强。家长要让孩子多去经历，去学习，他走的路多了，他个人能力的提升就会越大。成功的人都是行过万里路的人。

第三　具备独立思考的能力

现在很多孩子对家长和老师的依赖特别强，根本没有独立思考的能力。遇到问题，只知道求助而不是独立思考，遇到困难就逃避，长此以往，他们必会成为一个个“巨婴”。我接待过一对母女，孩子上初二，这个孩子从小学就参加各类补习班，周末时间全用在文化课补习上。来见我的原因是孩子成绩开始下滑，家长非常焦虑。通过深入了解，我发现孩子在学校听课效率极其低下，做作业遇到难题就不想自己解决了，依赖参考书和一些搜题解答软件。重复听老师讲课，被动无奈地做家庭作业，孩子累得要命，效率极其低下。要记住，独立思考的能力才是孩子制胜的法宝。

第四　增强好奇心

不满足是人的本性，好奇心就是人们希望自己能知道或了解更多事物的不满足状态。从定义上讲，好奇心是个体遇到新奇事物或处在新的外界条件下所产生的注意、操作、提问的心理倾向。好奇心不仅是个体学习的内在动机之一、个体寻求知识的动力，还是创造型人才必备的重要特质。有了好奇心，人就会产生学习兴趣，行动力就会变强，这个好奇心会促使人们去探索，去挖掘最深最本质的东西。人们常说，人最可怕的就是认真，认真了事情就容易解决了，而好奇心给了人们这个认真的动力。爱因斯坦认为他之所以取得成功，原因在于他具有狂热的好奇心。可是如何才能保持长久的好奇心呢？其实，好奇心是人生来就有的，是婴儿的探究反射。婴儿一旦发现新奇事物，就会去触摸、去品尝。到了幼儿期，好奇心更加强烈和明显，他们通过感官、动作、语言来表达自己对周围世界的好奇，这种好奇最初是情景性的，如果受到鼓励与强化，就会变成认知与情感的结合。人的这种天性如果得到很好的鼓励和促进，其一生将富有巨大的创造力，但现实中往往事与愿违，在成长的过程中，孩子的好奇心被父母无情地磨灭了，导致大部分人长大后随遇而安，不敢去冒险，继而碌碌无为。

如果做到以上四点，我相信孩子的“智力”会有变化的！

六、我怎么那么死板

这个孩子见我时已经高一了，原因是医院诊断得了轻微的“精神分裂”（家人没有给我看医院病历，她的父母是这么说的，估计精神科医生诊断的应该是重度抑郁伴精神病性症状），具体表现为幻听、幻视，见到作业害怕，浑身发抖。从医学的角度来讲，孩子确实存在一些精神问题，究其原因，原来是孩子学习方式过于死板，从小学到高中学习方法没有改变过，最终因为压力过大而生病。其实在初中的时候，孩子在学习方面的精力已经透支，不过由于初中学业难度不太大，问题没有暴露，到了高中阶段，问题呈现了出来。接下来，我们花了大量的时间，和孩子一起找到适合她的高中学习的方法，让她的精神放松，一切问题就可以解决了。最终经过十次咨询训练，孩子可以正常返校学习了。后来孩子自己总结说："郑老师，我原来的学习怎么那么死板！"

这个孩子为什么会出现心理问题呢？孩子从小非常听话，家长让干什么就干什么，能够非常认真地完成家庭作业，基本没有自己的思想。当然，小学这么做的话，成绩肯定非常优异。上了初中，问题也不大，因为初中的那点知识，动动脑筋下点苦功夫，也是可以的，孩子非常艰辛地读完了初中，还被保送上了高中。等上了高中，只用蛮劲就不好使了，孩子终于扛不住了，问题就暴露出来了。其实这个孩子在初三就已经非常辛苦了，不过一直硬扛着而已。

所以，我常说，小学时要注意培养孩子的习惯，激发学习兴趣，初中开始要重点强化学习方法的探索，到了高中要不断提升他们自己解决问题的能力。这样，他的学生生涯才不至于那么苦。只要孩子能够按我说的去做，家长也配合得很好，我们的孩子很容易出成绩。

下面举两个能够灵活掌握方法的例子：

李某，13岁，见我时是一个普通初中的初二学生，所在班是普通班，在班级排名中等。这个孩子很有想法，主动和我探讨学习方法，不断琢磨，学习的主动性非常强。就这样，经过两个月的咨询，他的成绩进入了班级前十。按正常的咨询来说，这已经可以了，我也觉得他只要按照我们之前讨论的方法去做，今后一定越来越好。但这个时候孩子提出了个大胆的问题："郑老师，你不是常说好的学生不是老师教出来的吗？我想自学！"因为他想考本省最好的高中，以他们学校的教学能力来说，一年只有两三个学生能考上。所以，单靠学校老师讲的肯定不行。我们两个经过讨论，我又和家长、班主任沟通，决定让他按照自己的方式学习。开始有一些吃力，经过三个月的刻苦钻研，他上课几乎不用听老师讲，能够完全按自己的方式独立学习了。开始时，有的任课老师还会挖苦打击他，但是随着每次考试成绩的提升，老师也就认同了他的学习方式，中考时他顺利考上了那所省重点高中。

王某，15岁，初三，由于压力大，失眠，被数学老师推荐到我这里进行减压训练。他为什么压力大呢？原因是上课不听课，自学，老师认为他这样影响其他同学，怕别的学生效仿他。他与老师争论时，老师会用"有本事次次考第一"来打击他，因为他的成绩在全校排名前三，但很少能考第一。我也有疑惑，问他为什么考不到第一？他说他经常参加竞赛，有很多时候用竞赛的方式做题，和没有步骤就没有得分的考试评判制度相违背，所以导致失分。这个孩子还和我讲到，他们学校的老师认为他们能考上本县的重点高中就不错了，而他的目标是考上省里最好的高中，所以他也不得不按照自己的方式去学。我建议他自己去和所有的老师沟通，并训练了他的沟通技巧。孩子在进行良性沟通后，争取了更大的学习空间，最终也如愿考上了自己理想的高中。

上面这两个例子充分说明了灵活掌握适合自己的学习方法是非常重要的。只要你的学习目标坚定，你就要不断思考更好的方法，然后坚持去做，取得好成绩只是时间问题。大部分学生只是为了完成学校和家长的任务，没有把学习当成自己的事情，他自然就不动脑筋，天天磨洋工地“伪学习”，成绩又如何会提升呢？

记住，越灵活越能把握大局。如果什么事情都是生搬硬套，你只会越来越累，最终导致扛不住而放弃。

第二章

学习状态

没有良好的状态，任何事情都做不好！

对于学生，

什么是好的学习状态？

最佳状态：兴趣浓厚，忘我！

最基本的状态：不讨厌学习！

一、爱上学习

爱上了学习，你就会和学习融为一体，不论何时，都想把它做到最好，学习最终会变成一件小菜一碟的事。这时候学习一会儿和你参加一次COSPLAY、看一场喜欢的电影、玩一局电脑游戏的体验感是一样的爽！你会享受着恋爱般的甜美、幸福，在知识的海洋里自由遨游。

爱上学习的感觉就是这么好！

许多人不屑一顾："郑老师，说得容易做到难啊！"当然，任何一件事情要想做到最好，都不简单，需要十分用心加长期坚持！

人不是生下来就什么都会的，很多技能都是靠后天培养的。学习兴趣也一样。现代科学已经证明，我们的基因和染色体可能会随着我们生存环境的改变而改变。连基因和染色体都可能随外在环境改变，学习兴趣又何尝不可呢？

如何才能使孩子爱上学习呢?

实用、好玩!

实用

就是要明白所学的知识该如何使用，对生活有什么帮助，也就是在实践中的应用。很多孩子对学习的认知是糊涂的，根本就不明白学习有什么用。死学、傻学，甚至是痛苦地被动学。当然不会爱上学习了！问题出在哪儿呢？首先是家长，孩子在很小的时候，家长没有教孩子学习的实用性，只会让孩子死读书。没有实践的体验，孩子当然不知道学习有什么用，只会把学习当成一种负担，何谈乐趣呢？其次是学校，我们当下的教育体制导致老师没有更多的精力或者不愿意投入更多的精力去引导孩子思考、发现学习的实用性。

好玩

就是有意思、轻松！我认为一个好的老师不在于他有多深的造诣，而在于能够激发学生的学习兴趣，如果学生有了兴趣，老师只要把方向把准了，学生自己就能把学习搞好！好的家长亦然！任何一门课，只要用心，我们就会发现有很多很好玩的学习方法，学起来当然可以很轻松。我们往往不愿意用心去挖掘去发现，这是因为在我们的教育中缺乏培养好奇心这一块，不论是家长还是孩子，有了好奇心，才有兴趣去琢磨，才会觉得好玩。

很多成年人心里存在“学习是件苦差事”的想法。我们往往把这个想法传输给孩子，还经常引经据典“吃得苦中苦，方为人上人”，殊不知，“苦差事”在孩子的心里扎了根，很容易导致孩子不爱学习。当然，这没有错，但是我们没有意识到，吃苦和激发孩子的学习兴趣并不矛盾，吃苦是磨炼一个人的意志，学习兴趣的激发是方法，这两者是辩证统一的。

我的一位来访者，男，四十二岁，是软件开发工程师。孩子上小学，上课不专注、易分心，一天到晚想的就只有玩耍，一学习就烦。我就让他除了培养孩子的专注力之外还要学会激发孩子的学习兴趣，并提醒他这需要一个漫长的过程和足够的耐心。他按照我说的去做了，但做了一段时间，受不了了，感觉实在是太难了，就告诉我：“郑老师，学习有什么兴趣啊？都是胡扯！学习本来就是一件苦差事！”我只能告诉他：“再坚持一下，会有好结果的！”

看到没有，这个家长用“学习是件苦差事”来掩盖自己的不坚持，并且他还为自己找了个借口：“很多东西是靠天赋的，我孩子没有这方面的天赋。”为什么找这个借口呢？因为他的学习成长过程就非常轻松，他觉得自己就有学习的天赋。但是他没有意识到的是：他的父母都是知识分子，亲戚朋友文化程度比较高，在他很小的时候，就无意识地培养了他的一些思维方式，教会了他一些学习方法，才使得他后来学习得很轻松（这些都是在咨询中来访者向我描述的，他自己却没有意识到）。他的儿子呢？上小学之前，他只给孩子培养了两个爱好——吃和玩耍。对学习方面相信“自然发生论”（到时候自然就会了），连一点点学习兴趣都没有培养，孩子小学阶段当然要“还债”了，如果现在他不“还”，以后依然得“还”！有许多家长不也是这样？没有足够的耐心培养孩子的学习兴趣，胡乱找个理由安慰自己、“糊弄”孩子。

但好在这位父亲一直按我教他的方式去做，没有放弃，有一天他告诉我一件事，说孩子扬扬得意地和他说“我是我们班的英语学霸”。我们欣慰地看到了孩子学习的兴趣已开始发芽。

现在，该把你脑袋里的“学习是件苦差事”删除掉了吧！如果不删除，作为孩子，你不可能有爱上学习的冲动；作为家长，你也不可能激发出孩子的学习兴趣！快用“学习是真正实用、好玩的”把它覆盖！

记住一句话：思路决定出路！

二、忘我

想做好一件事情，首先要进入忘我的状态，做到这一点，你才算钻进去了，继而有所收获，学习当然也不例外。

每个人都可以审视一下自己，当你认真做一件事的时候，是不是把周围的事情都忘了？比如：你在深入想一件事的时候，别人和你说话你都听不见，等等。

对于学习，该如何做到忘我呢

如果你能够做到上一节我们所提到的“爱上学习”，那么你进入忘我的状态的次数就会增多，这个时候学习就是“玩耍”，“玩耍”就是学习。我就有很多类似的体验，当工作状态不好的时候，我就会拿一本书去阅读，用这种“娱乐”的方式调整自己。也就是说，爱上学习是进入忘我状态的最佳方式。

胡适在《四十自述》中描述自己小时候特别喜欢看书，觉得很有意思，遇到书就去看，如饥似渴，他很不理解别人为什么总是逃学、不听老师招呼，后面他做了分析，别人没有把学习当乐趣，就好像他自己没有把音乐和绘画当乐趣一样，看书学习是他的乐趣，别人把玩耍当成了乐趣，所以他忘我地看书，别人忘我地玩耍。

现在你可能会说："郑老师，这个对我（我的孩子）来说太难了！"当然，要有这样的状态，不是我们在这里说两句就能做到的，要经历长时间的学习修炼才行，并且需要方法得当。本书的各个章节，都是为孩子在学习中进入忘我状态而设计的。

现阶段你最需要做的是——静心

让孩子做到静心，家长自己首先就要做到遇到任何情况都不要慌张，认清现状，理性分析，然后有计划有步骤地去处理。孩子成绩好不骄傲炫耀，骄傲炫耀是不静心的表现；孩子成绩差不气馁，气馁亦不是静心的表现。把孩子当成一个个体，一个独特的个体，不要和别人比，特别是在品质、人格上，正确对待孩子。

作为孩子呢？遇到问题依然不要着急，慢慢去找解决之道，耐得住性子。

你能够静下心来，才有力量去解决问题，越着急慌张，问题越多，事情越复杂。特别是当你心情不好、心不在焉或者很疲累的时候，一定要停下来，休整一下再去学，还是那句话：不懂得休息的人就不会学习！状态调整好了学习效率才能提升！很多人总觉得是学习时间不够而导致成绩差，其实不是，主要原因是效率不高！这更不是家长能急出来的。

下面推荐三种简单易行的静心方法

1. 放松

放松是一种自我掌控力，只要人身体一放松，心也会随之放松与安宁下来，此刻脑电波会呈现 α 波状态，你可以感受到安静、祥和、舒服、愉悦、信心和力量。

你可以从头到脚逐一放松各个部位。顺序如下：头顶、眉骨、眼睛、鼻子、两耳、面颊、嘴唇、牙齿、下巴、脖子、双肩、胸部、腹部、臀部、双腿、双脚、双手，也可以反方向从脚底放松到头顶。其中，脖子和肩膀的放松是关键。

如果上述方法不足以产生足够放松感的话，你可以采用边放松边紧张的双向行为。比如：当你要放松脖子的时候，你可以先采取相反的方式，绷紧脖子，直到非常劳累时，就很容易让自己的脖子慢慢放松下来；如果你觉得大腿的肌肉不够放松，也可以收紧大腿的肌肉，直到非常劳累时，就很容易放松自己腿部的肌肉。

2. 深呼吸

深呼吸，能让我们的注意力集中在身体内部，随着深呼吸的进行，吸入大量新鲜的氧气，血液的含氧量会提升，身体各器官的代谢就会进入平衡状态，脑电波频率会开始降低，自动地从 β 波状态转换到 α 波状态。

先吐气，吐气的时候，尽可能排出胸部和腹部的空气，尽量多排出一点，然后暂停两秒。接着，再开始缓缓地吸气。吸气的时候，用腹部带动胸腔，尽可能多地吸入空气，直到整个胸部和腹部完全鼓起，然后暂停两秒，再缓缓地将空气从胸部和腹部排出。

3. 喝水法

人的身体里70%是水，离开了水，人类无法存活。当我们烦躁、不安、恐惧、慌张的时候，我们身体里的水的样子也会变得很“难看”，日本学者江本胜所著的《水知道答案》一书，详细介绍了

人和水的关系，值得人思考。

中国人为什么历来喜欢喝茶，特别是喜欢喝工夫茶，这也是静心的表现之一，水可以让我们静下来，茶对身体亦有保健作用。

你可以准备一杯40度左右的温水，需要的时候一小口一小口地慢慢喝，喝的同时要慢慢体会水的甘甜。特别是做作业前喝一杯温水的话，你的学习状态就会很不一样，效率会提高很多。

建议学生在这三种静心方式中选择一种，学习前，作为一种仪式，学习中，作为一种调节方式，逐渐养成习惯。

我选择的就是喝水这种方式，每当我来到书房后第一件事情就是烧水，在烧水的过程中准备要做的事情，等水烧好后，泡上一壶茶，先喝上一小杯，才做事情或看书，效率非常高。最后养成了习惯，到任何地方我都要带个杯子，随时要喝一点水，特别是心烦意乱的时候，喝上点水，很快就能够平静下来。

当然，还有很多种静心的方式，如听音乐、坐禅、瑜伽等，这里就不赘述了，你可以去寻找适合自己的方式，让心静下来。

静下来，是培养你进入忘我状态的第一步

不管任何时候，只要你处在不良状态，先调整自己，在能够平心静气之后，再去解决事情，不然，你就是在浪费时间，只会把事情搞得更糟。

三、阅读是一种习惯

阅读是人一生中应具备的良好习惯。回顾历史，哪一位名人志士没有阅读的习惯？这里阅读的不只是书本，还有人生。除了前面我们提到的胡适，还有鲁迅、毛泽东等都特别喜爱阅读，即使像朱元璋这种由于生活环境影响没有机会去学习书本知识的人，他也具备阅读人生的能力。当然，如果只是傻看书，不去领悟人生，那也只能被称为“书呆子”。

阅读有很多含义，基于本书的读者群，我们更多的是强调对书籍的阅读。如果真正具备阅读书籍的习惯，我相信你一定有能力去阅读人生。书是前人留给我们的他们对人生的感悟、体会和经验，以供我们来参照学习的。

我在小学三年级之前，和一个发小酷爱看课外书，那时候书籍资源比较匮乏，特别是在农村，更是少之又少。我们两个什么书籍都收集，连环画、武侠小说、名著……只要我们发现就毫不犹豫地想办法收集起来，最终我们有满满一小木箱的书籍。三年级时，由于家庭变故，我就按照“学好数理化走遍天下都不怕”的思路去走“正途”了（那个时候不像现在，学校老师鼓励看课外书，那时候家长都会认为这是贪玩，不好好学习，至少在我们那儿是这样）。在之后的十六年，我基本没有机会广泛阅读，后来，我成了真正的“工科男”，直到从事心理卫生和教育工作，才重拾起阅读，并一发不可收。自从捡起这个良好的习惯之后，个人状态和素质水平更是得到质的飞跃。我那位发小，一直坚持阅读，中学就在全国作文比赛中获奖，在杂志上发表文章，大学毕业后当了大学老师。我想他比我幸运，但我还是庆幸自己能捡起这个宝贵的习惯，阅读对于我就是一种幸福。

小学的孩子和家长，你们注意了，由于这一阶段的学业压力不是很大，一定要抓住这个时机，尽量让孩子多阅读。等到初、高中时候孩子学业压力加大，基于我们国内的教育体制，培养起来就越来越困难了。后面的章节我会提到，这个时候孩子的分数不重要，重要的是习惯，如果没有好的习惯，好的分数只是一个假象。阅读的习惯当然是重中之重。如果你的孩子还没上小学或者你还没有孩子，记着越早培养越好。

当然，最好的方法在《爱上学习》一节我们提到过的，要把阅读变得好玩，前期尽量选择一些孩子比较喜欢看的名家作品，然后再逐步深入，不要一上来就看四大名著、诸子百家等孩子没有兴趣、艰涩难懂的。很多家长会说，很多书是学校老师推荐的，他（她）怎么能不读呢？当然，老师推荐的书一般适合这个年龄阶段的孩子阅读，如果你的孩子不排斥，那肯定没有问题，如果孩子确实不喜欢，请选择适合他（她）的。世界上没有两片相同的树叶，当然更不会有两个相同的人，请尊重孩子的独特性。在下一节我会讲如何做到循序渐进地引导阅读。

对于中学生，学业压力开始增大，特别是高中生，各种作业填满了他们的生活，休息的时间都很少，我的建议是能抽出时间就一定要抽出时间用来阅读。那些成绩比较好，学习起来感觉比较轻松的学生，往往都有很好的阅读习惯。当然你也可以把阅读当成休息的一种方式，如果你能做到这一点，优秀是迟早的事。

这里举两个例子：

两个都是我的学生，到我这做咨询的时候都是小学四年级。第一个，男孩，孩子本身就很优秀，妈妈听了我的讲座，觉得很好，一定要我给她和孩子做几次咨询。我觉得孩子各方面都比较好，其实不用刻意去改变什么，只是给家长和孩子一些小小的建议。这个孩子最大的特点是超爱看课外书，阅读量非常大，识字量也非常大。你不要以为他只是语文好，大量的阅读使他的思维非常开阔，英语和数学学习也相当轻松，甚至是奥数老师点名要培养的对象。咨询一年后，妈妈打电话给我报喜，孩子现在时间安排很合理，学习习惯很好，奥数还得了全国一等奖。

另一个是女孩，妈妈找我咨询的原因，是孩子太爱阅读，让我想办法帮她减少阅读时间。这个孩子会想尽所有办法不干别的事情，恨不得把所有时间都拿来阅读。我自然不会减少孩子的阅读时间，只是帮助她如何更合理地安排自己的阅读和生活。这个孩子阅读量超过很多中学生，其他科目也很优秀。

这两个孩子的人生一定是充实丰满的，一定会前程似锦！

不管你现在年龄多大，不管你的孩子多么小，别等了，开始培养你和孩子的阅读习惯吧！

四、心急吃不了热豆腐

关于“心急吃不了热豆腐”这个问题，我在不知多少次讲座、咨询中讲得口干了、舌燥了，但真正能听进去的家长却寥寥无几（只要听的坚持做的效果都很不错）。孩子的学习成长需要慢慢来，慌、着急只能导致问题越来越严重，事情越来越复杂。我坚信：缓慢而坚定的改变，慢就是快。

慌、着急本身就是一种情绪表现，还是套用我经常同家长和孩子们讲的一句话：有情绪时我们犯错误的概率比较大！人有情绪的情况下，就会失去对事物的理智判断，很难做出合理的决策。加上我们信息获取不对等、商家为钱盲目夸大宣传、人们盲从心理严重等因素导致很多孩子成了牺牲品。

不慌真的很难做到，所以我常说，一件事能不能做好（这里的好是纯技术层面的问题，不考虑商业），也就是说一个人能否成为行业高手，关键在于能否坚持，跟聪明不聪明关系不大。只有不慌了才能够坚持。这一点我在《扛一扛，再扛一扛》这一节会详细描述。总之，做任何事情都不要着急，所有着急的事情最后都要付出代价。别的事情可以弥补，人的成长呢？尽管任何时候改变都不晚，但是一个人人格形成的关键期，特别在学习的关键期如果能够利用好那是最好的。可能有人会问“郑老师，你不是说不要着急嘛”，是啊。我说的是孩子改变的过程不要着急，但如果你看了这本书，发现自己很多地方做得不对，还不立马去改就有问题了。以成都为例，现阶段没有特殊原因只能参加一次中考，比高考还要严峻。你不立马改怎么能行？只要你改了，方法对了，见效需要过程，这个是你急不来的。

作为学生呢，当然和家长一样，心态上不要着急，其实学的东西就那么一点，特别是初中、小学，不能慌，要稳扎稳打，有时候一个月、两个月不一定就见到效果，但只要方法对了，坚持不懈，结果自然好。我上学时就是个书呆子，用的死功夫，学习方法极差，最后还是考上了高中（我们那个地方在那个年代估计五个学生中只有两个能考上，我们学校是当地最好的初中）。考高中时，因为英语基础很差，我把复习资料都背下来了，虽然成绩不算优秀，但还是能算个中等。考大学时用的也是这个笨方法。我是吃了学习方法的苦，如果你方法不对，就需要改变，这个在我研究心理学和教育学以后感触很深。本书也会对各科的主要学习方法有所介绍。同样的，如果你掌握到了好的学习方法就要立马执行，坚持住。这里不赘述。

前几天过教师节（写本节前发生的事），收到一条短信，是祝我节日快乐的，短信上留了名字，我一看有点眼熟，但想不起来是谁，就翻我的咨询记录，一看是一年多前在我这咨询过的一个学生，来的时候是初三，现在高二了。我就询问他的学习情况，他说在我这里咨询了几次，开始没觉得什么，坚持做到现在，感觉越来越好，不但学习轻松了，人的整个状态也很好。看到没有？这事不能着急。

另一个学生是一女孩，两年前找我咨询，只咨询了七次。

我印象很深，她的爸爸妈妈很认真，孩子也比较认真，只要我讲的东西都会去认真体会，也让孩子坚持去做。当时效果就比较明显。后面我还是交代家长，我讲的东西，不能急，坚持用才会真正有效，成绩才会好。如今，她的爸爸来跟我报喜，说孩子考上了全区前300名，如愿考上了区里最好的高中。

再举一个反面例子：

这个事的主人公是我在《爱上学习》这一节举

的那个例子中软件工程师的妻子，我之前见过她，和她聊过对孩子的学习不用过于操心，只要她丈夫按照我说的方法去做就可以。那个时候她还嘲笑她的同学给孩子到处补课也没有效果，说要坚持按我的方法去做。但是最终还是经受不住周围环境的影响，自己也跟风给孩子报了语文阅读和托管班，奥数班是在丈夫的强烈反对下才没报成。

这里不是说补课没用，家长应该明白的是合理的补课才有用。孩子的爸爸每天训练他写作和阅读，其实方法很好，只是见效慢，但妈妈听信了好友的话，就去盲目报班。孩子补课后成绩还不错，但小学三年级就没有了周末，有时周一到周五晚上还要补。从时间的安排上看我就不认同，只是小学三年级啊！这个孩子最终的结果是什么我不敢妄断，因为不了解，但我觉得从他们的描述来看，方法是一定有问题的。

所以，奉劝家长和孩子一句话：不用着急，多理性分析才能找到合适的方法，千万不要人云亦云。

五、扛一扛，再扛一扛

这一节算是《心急吃不了热豆腐》的续篇，只是侧重点不同。上一节我们谈到学习要平心静气，这一节主要强调的是坚持。前面我们也有提到，只要方向对了，走到最后的都是坚持的人，一些人才跨进去就退出，一些人走到中途便放弃，又有一些人快到终点却扛不住了，只有很少一部分人扛到最后。意大利经济学家帕累托从大量的事实中发现了经济上的“二八法则”：社会上 20% 的人占有 80% 的社会财富，以此类推，发现了很多事情都符合“二八法则”，由此可见能够成功的人的确很少。为什么会这样呢？首先，知道正确方法的人很少，知道了去做的有多少呢？做后放弃的又有多少呢？所以，我在做咨询和讲课过程中常说：“胜利是属于坚持的人，谁坚持到最后，谁赢，即使你现在的方法不是最好的，你比别人稍微辛苦点，你放心，最终上帝会眷顾你的。”

有的孩子，由于他自己的方法和习惯不太好，给他讲了好的方法，教他如何纠正自己的错误习惯，开始还不错，但坚持几天就不行了，再好的方法、再正确的习惯对他（她）也没用。有的家长，给他们讲明了如何更好地引导和监督孩子的学习，他们做了一段时间就扛不住了。请问你都坚持不住怎么让孩子去坚持？你只会空讲一大堆道理，难道你的孩子不懂这些道理吗？当然，有一些家长和孩子确实自己操作不好，但他们自知，自己做不到，仍能坚持几年在我这里咨询，在我的一步步指导下，最终效果都还比较好。还有一些直接把孩子送到我这里，等我把孩子的各种习惯培养得差不多的时候，家长再接手。这两种情况其实也是另一种坚持。在咨询中，遇到过这样一位家长，他因为太忙，计划八次的咨询当时只咨询了两次，隔了两个月觉得效果不错，又咨询了两次。一年后我碰到这位家长问孩子怎么样，他笑嘻嘻地说："郑老师，虽然孩子现在还没有达到你说的那个标准，但改变已经非常大了！"看到没有，虽然他们没有掌握所有的方法，仅仅把一部分坚持好了，也会有明显的效果！

有时候家长坚持不住是因为学校老师的原因，由于我们现行教育体制的原因，很多老师不敢对孩子要求过严，就一味要求家长，很多家长只会稀里糊涂地听从老师的，而没有采取合理的方法。有的家长找到了一些好的方法，但是孩子身上的变化比较慢，家长就开始着急了，加上老师的催促，扛不住了，盲目地训斥孩子，最终前面的努力也付诸东流。这个时候，家长应该理解孩子，站在孩子的立场多考虑考虑，是需要扛一扛，再扛一扛的。

回到孩子身上，作为学生你该如何扛呢？其实每个孩子应该是不同的，我们没办法一一叙述，只能分类介绍（声明：以下均是我咨询中的经验总结，不是金科玉律，要灵活运用）。第一种，对于习惯比较好、成绩又比较好的学生，一般只是方法上出了点问题，通常这类学生变化很快，但有一些比较自傲的学生会不屑于去用其他好的方法，他（她）认为自己的方法足够好，也就是说不愿意改变，这种学生在我的咨询中需要先改变他（她）的态度；第二种，对于习惯比较好、成绩中等的学生，就需要多坚持一下，由于习惯可以，每个阶段成绩都会有所提升，成绩的提升也能较好地促进这类学生去坚持；第三种，对于自我感觉习惯比较好、成绩比较差的学生，依据我的经验他们的习惯一定不是很好，只要学习习惯比较好，成绩也不会很差，这类学生的好习惯只是假象，他（她）的“习惯好”可能更多的是在应付家长和老师，很多时候他（她）自己都没有意识到，当然，把修正他们的习惯摆在第一位，需要坚持的时间要长一些，这类学生最考家长的耐心，当然学生坚持下来也会比较痛苦；第四种，对于习惯不好、成绩比较好的或者成绩中等的学生，这类学生是我最担心的，反而家长和学校老师容易因为他（她）聪明而忽略了他（她）的问题，我承认有些人确实聪明（天才肯定有，但很少，还有很多天才没有被发现而变得平庸），但大部分人却不是这样的，特别是小学生，很多学生提前学了很多，并且进行了大量的课外补习，他们一般会在初二出现问题，个别会在高中出现问题，这类学生改变的难度最大，坚持的难度也很大，因为好的成绩掩盖了一切问题；第五种，对于习惯不好、成绩也不好的学生，其实更需要家长耐心地扛，学生只要按照本书所讲的习惯去修正学习方法就好了，他（她）每一次都有进步，就会更愿意坚持。然而大多数情况是，家长扛不住而打击孩子，最终导致孩子不能坚持，如果你是这类家长请多看几遍《心急吃不了热豆腐》这一节。

有些孩子由于自身缺乏毅力，做任何事情都是虎头蛇尾、三天打鱼两天晒网的，家长就应在锻炼毅力的方面着手。我印象最深的一个学生，小学六年级，特别胖，200 多斤，人特别聪明，但习惯很不好，原因就是毅力差。在我这里咨询后，爸爸在其小升初的暑假带他徒步从成都一直走到中江老家。你想一个 12 岁的小胖墩走那么远，这比一般人可难多了，后面他爸爸又用了跳绳、下蹲等多种方法来提升他的毅力。孩子上初中后，各方面表现都很好，成绩也很突出。

当然，扛也要方法得当，方法不对就会很累，最终孩子会反感。让孩子扛之前还是要多思考并查证要扛的事情是否是对的、是否合理！

最后，还是我那句话：**成功属于坚持的人，与是否聪明关系不大！**

六、好的沟通胜过一切

沟通，是一个老生常谈的问题，家长可能看了很多这方面的资料，孩子可能也了解过，但用得如何呢？

只要谈及沟通，涉及的至少是两个人甚至更多，不过一旦某个环节出了问题，沟通就会出现问题。如果你玩过传话游戏就会有体验，第一个讲的和最后一个人描述出来的最终差了十万八千里，这很好地印证了我们沟通过程中的偏差。你在倾听别人说话的时候是否领会了对方的意图，你又能否把你的意图很好地传达给对方，这些都是沟通过程中要注意的。

很多家长和孩子沟通时，根本就没有抓住重心，根本不知道问题是什么，喋喋不休地谈论自己的想法和感受，一味去讲道理，孩子能够听得进去吗？家长根本没有领会孩子的意图，无非是在表达自己的焦虑，所做的无非是在增加孩子的负担，而不是去解决问题。时间长了，你变得唠叨了，孩子却表现得越来越不听话，对你的话越来越麻木。

那该怎么办呢？作为家长，首先要学会耐心倾听。遇到问题，不要着急立马去解决，放一放，等你心平气和了，确定无论孩子有怎么样的反应你都不会有情绪波动了，再找孩子谈。你要多听孩子的描述，耐住性子，不要急于给孩子答案，等孩子能够真正表达完自己的想法，你再发表意见也不迟。如果这个时候孩子有情绪，要先等他发泄完毕再说，如果他一直情绪不稳定，你只有耐心地等待他情绪平复。你可以用的语言模式是："我知道你很难受，发泄出来会好受些！""你心里还难受不？如果难受的话，尽情发泄，爸爸（妈妈）能理解！""别憋着，哭出来吧！"等所有的情绪发泄完了，事情解决起来其实相当简单，而很多家长却反其道而行之："你给我忍着，你还觉得委屈呀？""自己做错了脾气还挺大，你大给谁看？""你再这样我揍你！"……这样根本不利于问题的解决，反而会导致亲子沟通越来越困难。

其次，和孩子沟通的过程中，家长能否做到共情也很重要。也就是说作为家长，你是否能够站在孩子的立场考虑问题。如果你事事都能够站在孩子的立场考虑问题，你和孩子的沟通自然不成问题，你们的亲子关系也肯定会越来越好。你这样做了，孩子觉得你确实在为他着想，能够理解他，当然他也会越来越多地向你袒露自己的心声，你对孩子的把控也就越来越大。

再者，家长要确保在和孩子的交流过程中收集到的信息全面。很多时候，家长根本没有把信息收集完整就盲目下结论，很多孩子开始反抗，后面发现反抗无效后，就随家长自己决定，看似沟通没有问题，其实问题很严重。我的一位来访者，初二在我这里咨询，成绩提高得还不错，按照正常发挥，上重点高中没有问题，可是在初三的一次月考中，孩子考试失利，语文考了103.5分（满分150），数学108分（满分150），英语124分（满分150），物理A卷87分（满分100）、B卷9分（满分20），化学87分（满分100）。表面看，英语不错，语文考点考前一天还记住了，可考试忘了，爸爸觉得可以理解，以后多复习就可以。但爸爸认为数学、物理、化学问题比较多，要补课。我看了数学和物理卷子，觉得数学如果不马虎，可以考班级第一，物理确实是知识不牢固，化学孩子说是因为考试答题不标准而失的分。我建议爸爸不要着急补课，给孩子机会让他自己学会修正自己的问题。爸爸怎么也听不进去，一定要给他补数理化三科。就在家长准备报名之前，我不经意问了一句："有没有班上排名或成绩表？"家长说有成绩表，我一科一科分析，发现爸爸评估的信息完全是错的，孩子各科排名如下：语文第33名，英语第26名，数学第7名，物理第21名，化学第9名。我把结论告诉孩子爸爸，他傻眼了。数学和化学只需要在以后的学习过程中认真仔细就可以了。物理没有考好家长也知道学校物理老师对孩子有偏见，导致孩子对物理有抵触，这需要改变孩子对老师的认知，并需要和学校老师好好交流才行。而家长呢？信息掌握有问题，导致出现判断失误。所以，奉劝家长们，遇到问题不要慌，收集好信息做好判断再做决定。

下面针对特殊情况下的亲子沟通进行一下说明：

对于小学生，特别是低年级的小学生，作为家长，沟通的时候一定要注意家庭规则的建立。咨询中我发现，很多这个年龄阶段的孩子规则意识很差，家长和孩子沟通更多的困难在于此。家长说了很多遍，孩子依然我行我素，根本不理会家长。家庭中没有规矩，孩子就以自我为中心，根本不把家长当回事，以至于到了中学以后问题更严重，纠正起来更难。当然，建立规则也是需要家长的智慧的，生搬硬套不行，一定要结合自己孩子的现状，建立好规则，和孩子沟通就会更加顺畅。

对于中学生，特别是初中生，这个时候孩子处于青春期，我们一定要知道青春期孩子的特点。青春期是什么？青春期是指青少年 11 到 16 岁的这一时间段（大致是这个时间段，不同的孩子可能有早有晚），这个时期的孩子正处于身体和心灵的发育阶段。该阶段青少年的生理、心理和社会发展方面都出现显著的变化，其主要特点是身心发展迅速而又不平衡，是经历复杂发展，又充满矛盾的时期，因此也被称为“困难期”或“危机期”。这个年龄阶段的孩子，慢慢趋向于成熟，但对社会的认知和对生活的体悟还不深，本身能力不足，还想自我做主。作为家长这个时候就更应该学会倾听，多让孩子表达，而不是一味地去教育或者讲道理。孩子既然是想自我做主，那就把主动权交给孩子，但大局一定是大人需要把控的，也就是事态的发展家长是可控的。比如孩子决定干一件事，家长害怕出问题，就把事情发展可能带来的结果告诉孩子，把主动权交给孩子。“这些都是爸爸（妈妈）的个人看法，也不一定完全合理，怎么做还是你自己决定，无论怎样，爸爸（妈妈）都支持！”这是事情在可控的情况下。如果问题比较严重，家长也只需要把问题的严重性说明清楚即可。这个阶段的孩子，只要你尊重他了，他不会乱来的。上面我讲的那个例子中，由于父母在孩子幼儿园时就离异，爸爸一个人带孩子，又当爹又当妈，所以对孩子过分关心。爸爸脾气比较急躁，孩子小的时候比较听话，五六年级开始，就有点逆反，后来孩子也体会到大人的难处，为了顾及大人的感受，让干什么就干什么，不反驳、没意见。本来孩子认为这次应该只需要补英语就可以，但爸爸说让他补数理化，他就简单服从了，不发表自己的观点。直到我和他一起分析后，他在我的鼓励下勇敢地表达了只补英语，别的科目自己可以努力赶上的想法。如果说他们没找我咨询，一直按原有模式沟通下去，他们的问题只会越来越多。

对于孩子来说，不管父母有什么问题，你在尊重他们的前提下，指出问题所在，正常情况下，父母是会听从你的建议的。如果你们之间确实沟通不畅，父母根本不听你的，你可以找一些既能和你沟通又能和父母沟通的长辈，说明你的意思，再由他们帮忙转达给父母。如果以上两种情况都不行，你就需要找专业的心理老师帮助你了。后两种情况，存在于家长和孩子沟通很有问题的家庭，如果家庭中成员间沟通顺畅，第一种方式肯定就可行了。作为孩子，隐藏你的想法往往是不好的，这样的话，家长只能猜测，你和家长的分歧就会越来越大，你也会越来越痛苦，所以要想尽办法做好沟通。

很多问题的出现，大部分是由于沟通不畅所造成的，只要沟通顺畅，误解就会减少，事情就相对比较好处理。

所以说，好的沟通胜于一切！

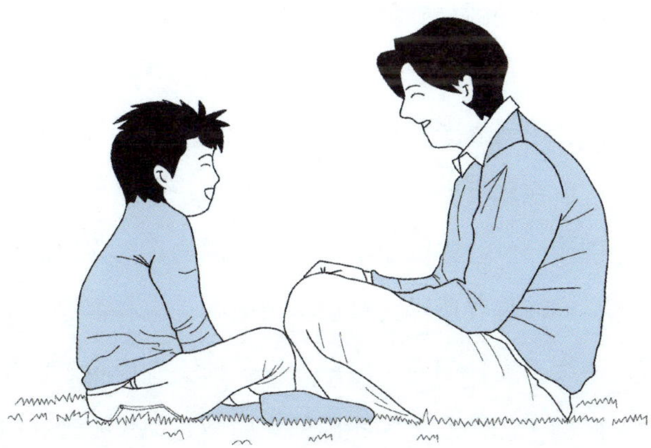

七、尊重老师

看到这个题目，很多人会觉得这是学生必须要认识到的问题。很多学生其实没有做到，做到的大部分也是流于表面，没有理解透尊重老师的真正内涵。

我把国内的老师分四个类别：第一类老师热爱教育，把教育当成终身事业，关爱学生，兢兢业业，职业素养比较高，在对待孩子方面能够做到因材施教；第二类老师也同样热爱教育，把教育当成终身事业，兢兢业业，但由于学习能力偏差，对待孩子方式比较单一；第三类老师把老师这份职业当成一份工作，尽职尽责，把重心放在职责上，而不是学生身上；第四类老师完全是为了有个饭碗而已。一些国家不存在这个问题，因为他们有一整套考核指标，即使是我所讲的最后一类老师，也有很好的指标考量他，所以不会出太多问题。国内教育还处于发展阶段，存在些许制度上的问题，加上前些年我国的家庭教育缺失（现在国家比较重视，越来越好了），很多家长的认知水平有限，老师为了使自己不受伤害，逃避很多应承担的责任。还有很多时候老师出于无奈，把本应该承担的责任推给家长去做。

这里面有个人问题也有社会问题，作为家长和孩子，我们都需要辩证地去看。当然，我们现在也逐步在规范这些东西，但还有很长的路要走。如果遇到第一类老师，那是孩子的幸运，这类老师一定会想办法让每一个学生都喜欢，从而带动学生对其所教课程的热爱，这类老师的学生通常成绩都比较好，但这类老师确实比较少。第二类老师在老师中占比会比较大，但会有一部分学生不喜欢，由于这类老师处理事情方式比较单一，很多时候会误解孩子，孩子就会抵触老师，最终导致孩子反感老师所教授的这门课。第三类老师的占比也比较大，由于对孩子的关心程度没有上面两类老师高，这类老师对孩子的影响中规中矩，没有太多麻烦，也不会太好。第四类老师比较少，遇到这类老师主要靠孩子自己，如果孩子自己习惯不好，不主动学习，成绩一般不会太好。

不管上面哪一类老师，作为学生，每个人的学习生涯中都可能会遇到。你会因为老师不够好就不学他（她）所教授的那门课了吗？那样倒霉的只有你自己，你要知道，学习是为了谁，难道是为了老师？我不学，他（她）就惨了，老师考评分就低了，他（她）就能受到惩罚了。你好厉害！他（她）可能受到了惩罚，那你自己呢？假如他（她）确实有问题，他（她）还有大把时间修正自己的问题，而你错失了自己的学习成长关键期，你要清楚地认识到受到惩罚的是你自己而不是老师。

我有一位小学六年级的来访者，语文老师经常拖堂，布置作业又多，全班同学都不喜欢，当然我这位小来访者也很讨厌他，在我这里一直抱怨老师不好，什么老师自恋啦，讲错题不承认啦，搞得来访者非常痛苦。但经过我们分析，她发现原来自己真的很傻，老师纵然有问题，盲目讨厌他最终对自己造成了伤害，她立马就改变了自己的心态，正确地对待语文课，成绩不但上升了，还慢慢觉得语文老师也不是那么讨厌。

我在高二时，也遇到过一位物理老师，还是我的班主任，经常把物理题讲错，听说本来他是初中物理老师，由于教得好，就到高中教课了。其实他的知识水平很一般。我和班上关系比较好的两位同学觉得他不够资格教高中，就开始故意对抗他。一次考试，我考了班上第 10 名，他们其中一个考了第 2 名，另一个第 5 名。当时我们是按名次排座位，第 2 名就坐到最后一排的一个角落里，第 5 名就紧挨着他，我排在第 3 个。班主任气坏了，但规矩是他定的他也没有办法。就这样，在下一次考试中，另外两名同学一个考了 20 多名，一个考了 30 多名，我还算好，名次提升了两名，老师就把他们两个安排在前面坐了，我一直坐在最后一排，一直“气”着他。现在想起来还是我们的错，我们是农村高中，一个学校只有一个老师的学历是本科，听说还是苦苦哀求省教育厅才给的，剩下的老师最高学历是大专，并且水平参差不齐，我们那个班主任在管理班级上还是有他的一套的，并不像我们认为的那么不堪。只可惜我们当时并没有意识到，只是一味地去对抗，现在回想起来真是够傻的。这个例子，我和我的很多学生都讲过，在这里我再次郑重地向这位老师道歉。这件事，对我影响倒不是很大，对我的那两个同学影响却挺大的，发生这件事之前，他俩一直是前五名的学生，之后，他们两个的成绩就没怎么进过前十了。

作为学生，不管老师如何，你首先要做的就是对自己负责，要为自己好。如果老师确实有问题，你在保护好自己的前提下去争取自己的权益，而不应该武断地去做一些傻事情。

尊重老师，就像你尊重长辈们一样。纵使他们有瑕疵，你要明白，这是你作为学生应该做的。你不要以为这是委曲求全，尊重他们只会给你带来好处，否则，你觉得惩罚了老师，其实你是在惩罚自己。

千万不要学我高二时的样子，等你长大了，也会觉得自己挺傻的。

记住，尊重老师受益的是孩子！

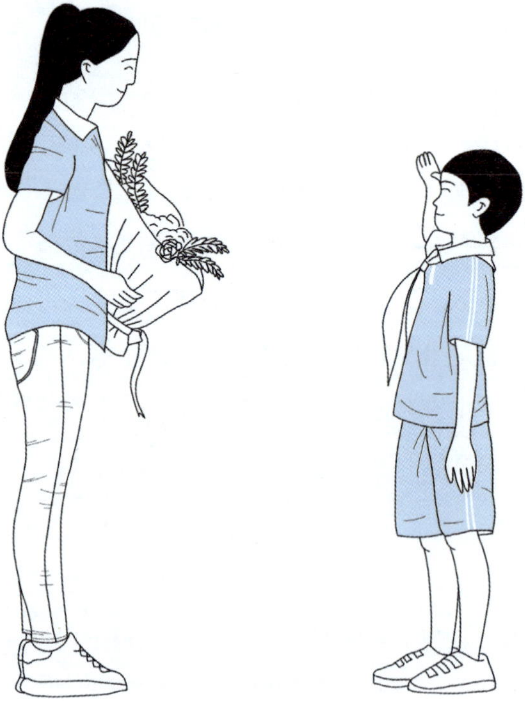

八、不和别人比

老话说得好“人比人得死，货比货得扔”，这不是要我们不思进取，而是在告诫我们每个人生存的环境不同、家庭背景不一样、人生观不同，很多时候是没有办法比较的。

“不要和别人比！”我不止一次警告我们的家长，可是很无奈，听进去的人不少，执行好的人不多。学生呢？也一样，虽然很多学生好像是无所谓，没有和别的人比，其实人人都在和别人比，只是他没有意识到而已。

有的孩子成绩比较差，天天挨家长和老师的批，他（她）无所谓了，心思也不放到学习上去了，整天吊儿郎当、无所事事，有的甚至打架斗殴、到处搞破坏。很多老师和家长认为这类孩子是放弃自己了，没有救了。其实不然，这类孩子基本上都是被家长逼出来的，开始家长只是和别人比学习，比着比着就开始比德行了，挖苦打击，导致孩子自我放弃。难道孩子自己没有比吗？

有的觉得自己不如别人，他接受了现实而放弃自己；有的觉得我学习上不如你，我别的方面比你强。

大多数女生是因为在学习上比不过而放弃了自己，也有一部分把自己搞成另类，比其他的去了。很多男生在学习上比不过别人的时候，往往会在其他方面找自尊，“我有一帮跟班的”“我很讲哥们儿义气”“我可以很招女孩子喜欢”……

一个典型的例子是我的一位表弟，他从小就生活在我和我姐的阴影中，从小被他爸爸比来比去，“看你哥和你姐，你怎么成绩就上不去呢？”“你一天到晚干什么吃的？浪费我挣的钱！”“你吃的比你哥多，学得怎么不如他？”……一句比一句刺耳，一句比一句难听。开始还好，表弟小学、初中经常在我家，我经常鼓励他，他爸的话没有起到太大的作用，但却给孩子埋下了很大的隐患。他上高中时，由于忍受不了这种挖苦和比较，断然在高二辍学，谁也拦不住。用他的话说：“我自己挣钱养我自己，我不靠他（爸爸）！”一个好的大学生苗子就这样给耽误了！

另一个例子是我妹，由于我和姐姐学习都比较好，而我妹在班级中成绩排中等，那时家里穷，我妹在初二时就提出不上学了，出来挣钱供我和我姐读书，她的理由是她学习不好，还不如出来打工。其实就是不自觉地进行比较后，她觉得自己不够好，压力大造成的。

以上两个例子就发生在我身边，表弟是不甘受挖苦和屈辱，妹妹是因为环境的压力，但根源都在"比"上。如果没有比，表弟的成绩其实还可以；如果没有比，妹妹的成绩也跟得上。把"比"去掉的话，也许会产生两个优秀的大学生，但是由于"比"而耽误了他们的人生。

哪种情况不能比呢？按道理说在任何情况下都不能和别人比，这样的人生才是最幸福的。但是可能吗？我们自觉不自觉地都在和别人比，对于学生和家长，这里列举一些不能和别人比的情况以供参考：孩子某一次考试发挥失常，特别是孩子的自尊心比较强的话，千万不能和别人去比，因为比较只会增加孩子的压力。一些孩子成绩一直上不去，对学习丧失了兴趣，很多家长只是盲目地觉得孩子不够努力，用和别人比来刺激孩子，结果往往事与愿违，这个时候一定要找准孩子学习不好的问题所在，一步一步帮助其慢慢解决，每个孩子的情况都不一样，如果盲目比较的话，只会阻碍孩子做出改变，打击他的积极性。有一部分家长老是觉得孩子的分数不是最理想的，一味地去和别人比，甚至当孩子忍无可忍地说出："我已经很努力了！"家长依然认识不到，这样的家长本质是贪得无厌的，孩子甚至会放弃提升自己而故意对抗家长。有一类家长和上述家长一样，孩子本身成绩在不断提高，可家长却不断提高比较对象，导致孩子明明进步了，也没有成就感，严重的也会放弃学习。

上面我们说的是自己不如别人的时候去和别人比。那如果我们比别人好呢？是不是应该和别人比？如果你偶有这样的念头，找找自我价值感，内心幸福一下，还是可以的。如果你经常这样做的话，"骄傲"这个帽子肯定能戴到你头上。不管你多优秀，你永远不可能什么都懂。不管你是否次次考第一，也有比你更强的人！所以这个时候不要和别人比，和自己比比。用我常说的一句话："当你感觉什么都很顺畅的时候，你的成长已经变慢了！"

每个人都有自己的特点，每个人都是独一无二的。世界上没有两片相同的树叶，当然也没有两个完全相同的人。尺有所短，寸有所长，不必拿自己的优点与别人的缺点做比较，也不必经常自叹不如人。人生的缺憾，最大的就是拿自己和别人盲目比较。和高人相比使我们自卑，和俗人相比使我们下流，和庸人相比使我们傲慢。外来的比较是我们内心动荡的根源，也使得大部分的人迷失了自我，障蔽了自己心灵原有的氤氲馨香。

九、一定和别人比

上一节我们谈到《不和别人比》，这一节我们谈谈如何和别人比。它们看似矛盾，其实并不矛盾。

作为一个人，从出生开始家长就需要着手为其树立一个比较的对象，也就是奋斗的方向，这对孩子的终身都是有益的。我的比较对象就是我的曾祖父。我家本是中医世家，可到我爷爷那一代，家道中落。爷爷是典型的纨绔子弟，我父亲恨了爷爷一辈子，当然爷爷内心也有愧疚，所以我很小的时候，父亲就告诉我要学医。当医生成了我人生的目标，这个信念一直影响着我的学习生涯，在无形的力量支配下我如愿来到华西医院做了一名心理治疗师，你说比较的力量有多强大。这种比较，其实人人都需要。中国的中小学生尤其如此，因为我们的教育体制很多时候让孩子感觉不到学习的乐趣，这时候信念也就成了孩子学习的动力。在向我咨询的学生中，有相当一部分学习成绩不好都是因为没有目标造成的。小学的时候由于孩子小，没有自己的主见，家长的引导很重要；到了青春期，孩子就有自己的想法了，如果这个时候，孩子缺乏目标，学习也就没有了主动性。加上初中开始学习负担加重，压力增大，很多孩子就开始逃避学习了。

作为家长要给孩子从小就树立学习目标，翻阅名人传记，你就会发现几乎所有的历史名人，没有一个不是在很小的时候就有自己的崇拜对象。

现在社会信息发达，获取信息的方式多种多样，加上孩子的学习能力又比较强，自然掌握很多家长都不懂的知识，学习了很多技能。当孩子比较自满的时候，一定要抓住时机，合理地做比较，避免孩子盲目自大。我遇到过这样一个孩子，小学学习了很多东西，参加了各种比赛，还拿了全国和亚洲的奖项。按道理说孩子基础素质还是不错的，可到了初中，问题显露出来了，什么都觉得自己行，但是就是考试考不好。特别是英语，在小学的时候，口语基本都能和外国人对话，可到初中一到考试就一塌糊涂，家长花了很多钱补课都不行。在我对其进行习惯训练的过程中，孩子经常会自以为学好了，应付了事，口中总冒出“这个小意思！”“太简单了！”“这谁不会啊！”……不管自己考得怎么样，总觉得比别人强，甚至拿国外的素质教育和我叫板，我就找了很多国外精英教育的文章给他看，一起分析，让他真正知道自己的能力都是假象，基本功不扎实，毅力不够强。孩子慢慢认识到了，就开始接受了，习惯也就慢慢得到改善了。

我经常在学生咨询过程中，抓住孩子自认为很牛的地方，找资料做比较，让其知道他们在很多方面的认知是很幼稚的、相当不全面的。孩子往往在认清了现状之后立马会做出改变。

为什么很多家长在做比较的时候孩子基本不听呢？主要是家长只是用比较来刺激孩子，甚至是打击挖苦孩子。如果家长真心用比较来引导孩子，孩子基本上是不会产生反感的。

其实“比”的过程，也是培养孩子竞争意识的过程。要有意识地培养孩子良性的竞争意识，孩子在进入社会以后就能够很好地适应。如果只是一个人自己琢磨，做一个井底之蛙，那么他的成长进步就不会很大。

作为孩子，学习是其主要任务，在学习的时候适当地与别人做比较，也是对其能力的一种锻炼。现在的孩子有时候被家长保护得太好了，特别是一些成绩比较好的孩子，他们很多时候没有一个良性的比较观，只会一味地看不起学习差的学生，这样的优秀生进入社会后，也不能很好地适应社会。前面我们讲的大学生徐青就是缺乏最基本的社会适应能力才只会啃老的。如果家长在孩子上学期间让其树立了合理的目标，培养好竞争能力，他绝对不会啃老的！

合理的比较，不仅让孩子有追求，也是对孩子竞争能力的一种锻炼。

第三章

习惯养成

基础不牢，地动山摇！

习惯就是这个基础，是学习成败的关键！

当然也是人生成败的关键！

如果孩子是小学生，你感触可能不会那么深！

等孩子到了中学，你一定会后悔没提早重视！

习惯就是那块攀登高峰的垫脚石！

一、你在生活中很“弱智”吗？

你会做饭吗？

你在家打扫过卫生吗？

家里没水了该怎么办？

有地方失火了该怎么处理？

有人落水了该怎么做？

你知不知道爷爷、奶奶、爸爸、妈妈的生日？

你了解过年的习俗吗？

家里一周没有人你能不能把自己照顾好？

你了解过家里的困境吗？

……

不管你是小学生还是中学生，上面这些问题，你的回答都是肯定的吗？如果你的回答是肯定的，你算是具备了一定的生活能力。可有几个孩子能合格呢？有多少孩子除了学习什么也不会，在生活中很“弱智”呢？

如果一个孩子没有经过生活的磨炼，不懂得生活的真谛，对他（她）的学习帮助也不会很大，遇到问题也不能很好地处理。“读万卷书不如行万里路”说的也就是这个理。不管是孩子还是家长，一定要懂得如何行万里路，读万卷书无非也是为了更好地行万里路。

《聊斋志异》之《书痴》中的书痴郎玉柱，读书不为做官，而是相信书中自有“千钟粟”“黄金屋”，因此昼夜苦读，四季不断，二十多岁了，也不知娶妻，盼望着书中那“颜如玉”自己会来找他。除了死读书，其他什么事情都不关注。一次刮风，书被刮到一个藏粮食的地窖上，郎玉柱找书，踏空发现了粮食，其实里面的粮食是腐烂的，但这却强化了他“书中自有千钟粟”的信念。又一天，他上书架找书，发现一个小金车，暗喜“书中自有黄金屋”，但拿给别人鉴定后发现是镀金的，他开始怀疑古人是在骗他。本是开始领悟的时候，但巧的是，有个跟他父亲同榜考中的人到此地当官，这个人信佛，有人劝玉柱将金车献给他做佛龛。那人拿到后非常高兴，赐给玉柱三百两银子、两匹马，玉柱大喜，真以为“书中车马多如簇、书中自有黄金屋”，于是，加倍苦读。最后，蒲松龄安排了一个叫颜如玉的仙女来引导他，用尽各种办法让他慢慢学会生活，懂得生活的真谛。最后，他考取了功名。

蒲松龄用这个故事告诉我们的是不能死读书、读死书，要知道读书是为了在生活中使用的，如果像郎玉柱开始一样，你不过是一个生活中的“弱智”，读书再多也是没有用的。

我们可能听说过湖南神童魏永康的故事，两岁的时候妈妈就教他认了 1000 多个字，4 岁基本学完了初中阶段的课程，8 岁进入县重点中学读书，13 岁以高分考入湘潭大学物理系，17 岁考入中科院高能物理研究所，硕博连读。除了学习，家里任何事情妈妈都不让魏永康插手，每天早晨连牙膏都给挤好，甚至为了让儿子在吃饭的时候不耽误看书，魏永康读高中的时候，妈妈还亲自给他喂饭。妈妈只有一个信念“只有专心读书，将来才会有出息”。从小学到大学，魏永康的生活都是妈妈一手包办。考上中科院高能物理研究所后，脱离了母亲的照顾，魏永康“失控”了，他完全无法安排自己的学习和生活：热了不知道脱衣服，大冬天不知道加衣服，穿着单衣、趿着拖鞋就往外跑；房间从不打扫，屋子里臭烘烘的，袜子、脏衣服到处乱扔；他经常一个人窝在寝室看书，却忘记了还要参加考试和撰写毕业论文，为此他有一门功课记零分，甚至因为没有写毕业论文让他失去了继续攻读博士的机会。2003 年 7 月，魏永康连硕士学位都没拿到，就被学校劝退了。（摘抄自《广州日报》）

魏永康妈妈后来慨叹：“我心想，他将来长大离开我，人这么聪明，很快就能学会的，不晓得他已经形成习惯，改不过来了。”

有许多孩子的情况虽然没有魏永康那么严重，但在很多方面与他也有雷同之处，凡是这类孩子，在离开父母后，基本生活都无法自理，更别说学习了。特别是在小学时家长包办的，进入初中住校后问题相当严重，家长什么都包办了，孩子住校后什么都不会做，连基本的生活都不会安排，更谈不上学习了。我一个朋友亲戚的孩子，高中之前都是走读，家长什么都包办，考上高中时军训，因为害怕吃苦，家长把她接回家，可开学后，住校生活又适应不了，宿舍同学关系处得也不好，无奈之下，家长把孩子转入一个不用住校的职业高中上学。我们可以想想，即使转入职业高中，如果不培养孩子独立生活的能力，她也无法适应社会生活。

最后，请大家认真思考一下这句话：“读书是为了什么？”

二、我的生活一团糟

“书桌上乱七八糟，要学习了，课本、作业本都找不着；衣服扔得到处都是；吃个东西东倒西歪；有时自己连衣服都穿不好……”小张的妈妈这样描述自己四年级的儿子。小张在旁边羞愧地嘟囔着：“是的，老师，我的生活一团糟！”妈妈是因为小张的学习成绩不好来找我咨询的。交谈中，我们发现孩子的生活一团糟才是学习出现问题的根源。

其实这样的场景无数次地出现在我的咨询中，有的严重一些，有的表现得不是那么明显，但这些生活中的习惯都影响到孩子的学习，孩子的自我管理能力对其学习影响深远。凡是学习成绩差来找我咨询的孩子，只要我从生活方面去挖，都发现有一大堆问题。如果生活习惯培养得不好，学习习惯也好不到哪里去，生活习惯决定了学习习惯。

说到生活习惯，首先要做到生活自理，简单地说就是自我服务，自己照顾自己，它是一个人应该具备的最基本的生活能力。孩子生活自理能力的形成，有助于培养他们的责任感、自信心以及自己处理问题的能力，对孩子今后的生活影响很大。木桶定律认为，一只木桶盛水的多少，取决于最短的木板，而不取决于最长的木板。对于人的发展同样如此，失败往往是自己的某种坏习惯所致。

上节我们讲到的魏永康，看似成绩可以，但妈妈替代了他生活，让他与生活隔离，导致他根本不知道生活是什么，只是被动地做了读书的机器而已。所以他开始的分数是一种假象，等他开始只靠自己的时候，真相就会摆在世人面前。

魏永康在上研究生时表现出在生活中很“弱智”，徐青在大学毕业准备工作时发现无法适应社会。你呢？孩子，不管你是小学生还是中学生，从现在开始培养自己良好的生活习惯吧！真正会学习的人，生活能力也一定比较强。记住，分数应该是生活能力在学习上的体现，不要让分数掩盖了真相！

有一篇颇具震撼力的调研报告，标题是《悲剧从少年开始》，是对115名死刑犯犯罪原因的追溯调查。调查表明：这115名死刑犯从善到恶不是偶然的，他们身上无一例外存在着诸多坏习惯，这正是他们走上绝路的潜在因素。这些人违法犯罪均起源于少年时期，其中 30.5% 曾是少年犯，61.5% 少年时有前科，基本都有劣迹。他们从小就有不良习惯，只要这种潜在因素得不到改变，他们迟早都有走上犯罪道路的风险。通过调查分析，他们身上的这些坏习惯主要表现在以下几个方面：不爱学习、不懂礼貌、不守法；贪吃好玩、好奢侈、爱享受、自私自利、任性妄为；重“哥们儿义气”、自作聪明、我行我素、肆意逞能、亡命称霸；伦理错位、黑白不分、是非颠倒、荣辱不清。

我国著名教育家叶圣陶先生说过：“教育无非就是培养良好的习惯，良好的道德习惯，良好的学习习惯，良好的卫生习惯。”

我曾经看到这样一组数据，值得我们思考。中国中小企业的平均寿命仅 2.5 年，中国集团企业的平均寿命 7 至 8 年，欧美企业的平均寿命 40 年，日本企业的平均寿命 58 年。日本调查公司东京商工研究机构数据显示，2016 年，全日本超过 150 年历史的企业达 21666 家之多，一年后又会有 4850 家满 150 年。

日本企业为什么生命力那么顽强，其实和日本人对孩子习惯的培养有很大的关系。

日本的教育就非常注重培养孩子的习惯。比如，日本的孩子在吃饭的时候，即使是四五岁的小孩也知道要搬凳子，帮爸爸妈妈递递碗筷什么的。在日本的幼稚园餐厅，你可以看到有6岁的小孩在打饭，因为每个班的饭都要到一个大的餐厅去领，他们挎着饭筐，迈着歪歪斜斜的步子，到一个大的餐厅去领。稍大点的孩子主动给大家盛饭，有时半勺倒进碗里，另半勺却不小心倒在地上了。但是没人管他，没人嫌他们碍手碍脚，这就给孩子从小培养独立的习惯创造了很好的环境。

我国企业与日本企业的类比，也完全和我们的教育类比一样，我们的家长急功近利，只关注分数，而没有真正关心过孩子的根基——习惯。或者说关心了习惯，最后由于没有足够的耐心，而放弃了，想尽各种办法找辅导班，急功近利把分数搞上去。

一次我打车，和我同车的是一个初一的小朋友。我问他去干什么，他就老大不高兴地说："补课！"我看他心情不悦，就追问："怎么了？"他说周末都是补课，明明学好了，妈妈还是逼着补，一周休息时间才两三个小时，太悲惨了。我说："你可以和你妈妈协商说自己学好了，不用补了！"他马上说："我哪敢说！说了就被一顿臭骂，算了，我们班没有几个好的，最长的周末也就能休息七八个小时。”我不知道孩子讲的是不是有点夸张，可不明就里盲目给孩子补课的家长特别多。特别是习惯不好的孩子，家长没有把心思用在修正孩子的习惯上，而是把孩子补课的时间安排得满满的，最后留下一句：“我都这么给你补了，你自己不努力！”可怜的是，很多孩子根本不知道自己的问题是由于习惯不好造成的。有的家长也知道孩子习惯不好，只是因为自己没有耐心，方法不对而怪罪孩子。

教育的目的就是培养习惯，增强能力。好习惯成了自然的行为，能力自然就增强了。分数应该是好习惯的展现，而不应该是假象！

习惯好了，生活一定不会一团糟！

三、如何规划一天的生活和学习时间？

要想把学习搞好，时间的规划是必不可少的。一个人如果没有时间观念，干什么事情都拖拖拉拉，必定什么都干不好。我不是要讲“孩子不能输在起跑线上”这个伪命题，更不是要讲用大量的时间补课，而是讲学习一定要有时间观念，要注重效率，让孩子学会用最少的时间做最多的事情，并认真踏实把事情做好。

规划好了学习时间，按照既定时间学习和写作业，是一个学生必须要做到的。刚开始做的时候可能会不太适应，会觉得难受，这是正常的，如果我们坚持住，到一定时间我们的大脑里新的神经通道就逐步形成，从而变成一种习惯。据研究，大脑构筑一条新的神经通道需要 21 天时间。所以，人的行为暗示，经 21 天以上的重复，会基本形成习惯，加上 90 天以上的重复，会形成稳定的习惯。这就是我们经常说的 21 天法则。这里还是要强调一点：21 天是形成期，如果没有三个月以上的巩固，很多孩子还是会被打回原形。所以，在让孩子适应新的时间安排的过程中，一定要有耐心。

怎样来安排孩子的学习时间呢？

其实最重要的是小学，如果小学把孩子的学习时间安排好了，习惯养成了，初、高中就不会有问题了。如果初、高中孩子还是存在时间安排不合理的现象，就需要重新培养，不过家长花的精力会更多、时间会更长。对于初、高中生，形式上要更灵活一点，不过规则是一样的。

首先，一定要注意孩子的起床问题，很多孩子赖床拖拉，特别是到冬天，不想起床，这是坚决不允许的。大多数时候，家长和孩子为起床扯皮，说7点起床，孩子到点不起来或者起来了又躺下睡回笼觉，搞得家长一点办法都没有。我对孩子的要求是：假如规定7点钟起床，要求孩子自己把闹铃定在6点50分，醒了可以在床上缓个3至5分钟，7点钟必须站在地上，准备开始洗漱。如果7点钟还没有准备洗漱，就视为违规，需受到惩罚。家长最好不要叫孩子起床，让他自己来做，形成自主习惯。如果孩子依赖性比较强，家长前期可以帮助孩子，但是一定要学会逐步抽离。

其次是洗漱，起床后第一件事就是洗漱（早晨有大便习惯的孩子另行规定，可以先大便再洗漱，也可以先洗漱再大便），洗漱基本5分钟就可以搞定，我一般给孩子的时间是10分钟，保证他（她）时间充足，不紧张。这里提醒很多家长，不要把规则定得太死，不给孩子缓冲空间，导致孩子觉得太过紧张而不愿意执行规则。

接着，我安排孩子进行早读，一般在25分钟到30分钟之间。我一般建议孩子早上读外语，必须大声，原因我后面会在外语学习方法中提到。但是这里要注意的是，规定7点10分开始读外语，如果孩子还没有开始就算违规，需接受惩罚。

读完外语就是早餐时间，一般规定早餐时间为15分钟，最多可以延长到20分钟，午餐和晚餐时间最多30分钟。如果在规定时间内没吃完早餐，就不允许吃了，并且不允许其他时间吃东西，但是可以喝开水，如果吃了就算违规，接受另外的惩罚。

然后，下午放学回家，也要规定学习时间，对家长的建议是以孩子最晚到家的时间为准，比如说正常情况下孩子18:00到家，那就以18:00为起点，提前到家就可以自己先行支配，同时规定孩子做作业的时长，这个根据孩子的具体情况而定，有的孩子需要半个小时，有的一个小时，有的两个小时……不管孩子需要多长时间，都要留出复习的时间，可以安排在作业前，也可以安排在作业后。需要提醒的是，坚决不能疲劳作战，一定要学会休息，习惯还不错的孩子，我一般要求学50分钟或者1个小时，休息5分钟，这5分钟只能喝水，放松一下，而不能干其他任何事情。至于专注力不好的孩子，可以适当缩短一下学习时间。人的专注力有限，如果连着做两三个小时作业，长期疲劳作战，孩子一定会走神。为什么不能在休整的时候干别的事情呢？干别的事情会影响孩子的注意力，重新开始学习又需要调整状态，会浪费时间，不如把一件事做完，再做另一件事，这样才能提高学习效率。这里建议，开始学习前，要做静心训练，这在学习状态部分《忘我》章节提到过，你可以做深呼吸，也可以在写作业前喝杯温开水。

最后就是睡觉前的规定，建议睡觉前让孩子阅读一个小时课外书，用 50 分钟阅读，10 分钟总结。如果孩子没能力做总结，大人可以陪着孩子阅读，年龄比较小的孩子，阅读完家长和孩子可以一起做角色扮演游戏，孩子如果能够很好地把角色扮演出来，说明他（她）对文章的理解已经很透彻。让孩子把文章的大致内容讲出来也是一种深入阅读的好办法。最终的结果还是让孩子自己做总结，家长要学会慢慢抽离。对于中学生，由于学习压力大，科目多，可以适当减少阅读的时间，但需要每天坚持。

后面就是规定洗漱时间、睡觉上床时间。洗漱时间也要根据孩子的情况，在规定时间内完成。如果没有完成，同样处罚。上床时间也是一样。

小学的家长如果能够按照上面的要求做到，孩子的学习习惯养成肯定没有问题。这里没有讲小学住校的学生，我一般不建议小学生在习惯养好之前去住校，那一定是一场赌博。对于中学住校的学生来说，一般会有早读的时间，这个时间一定要用好。晚上看课外书可以放到宿舍，洗漱完看到熄灯结束也是我通常建议的。

对于周末，可以晚起床一会儿，但起床后的事务安排是一样的。另外在周末也一定安排固定的时间段做作业，过程和晚上做作业一样，至于周末的晚上，和早上一样，时间节点可以变，阅读、洗漱、睡觉的要求不能变。

这里特别强调的晨读外语和晚上阅读语文课外书，最好一年365天都要做，因为语言类学科只有靠日积月累的积淀。当然，一些特殊的情况除外，比如：一家人外出旅游，飞机到地方已经夜里十二点了，非要在睡之前读会儿书那也太呆板了。

总之，好的学习习惯建立在每一日规律的安排上。

自我管理样表（工作日版）

姓名：	年级：	目标：					
时间	内容	完成情况					备注
		周一	周二	周三	周四	周五	
	起床						
	洗漱						
	早读						
	早餐						
	放学回家						
	作业						
	晚餐						
	自主学习						
	兴趣爱好						
	户外活动						
	阅读						
	就寝						
	……						

四、预习很关键吗?

预习很关键吗?答案是肯定的。古人云:“凡事预则立,不预则废。”工人建房要备料,农民耕作要备耕,军队打仗要备战,学生学习也是一样。没有这个预备,你心里就没有数,如果老师讲得过快,你就跟不上,当时的内容学不会不说,还会导致你着急心慌,影响后面的听讲。另外,心理学家经过观察和研究后,发现人注意力的稳定性持续时间为:

5~6 岁儿童注意力集中时间为 10~15 分钟;7~10 岁儿童注意力集中时间为 15~20 分钟;10~12 岁儿童注意力集中时间为 25~30 分钟;12 岁以上的能超过 30 分钟。

这个时间是指孩子学习过程中能够做到持续专注的时间。其实,很多家长反馈孩子上课不专心、走神,跟预不预习课程也有很大关系。如果预习了,对上课内容有所了解,上课时就不需要耗费太多精力,身体会自然放松,不至于太紧绷,有意注意自然减弱。如果遇到不会的自然会集中精力、全神贯注，有意注意开始增加。这样一节课就会做到有张有弛、松紧结合，自然效率会提高不少。

我的一个学生是成都一重点中学初二学生，他每天上课只有上午前两节效率还不错，一点不走神，后面的课就一塌糊涂，走神、听不进去。下午的课大部分时间都会走神，只有部分时间能够集中精力。另外，周末和假期的时间基本都用在了补习上，课外几乎没有玩的时间。学习时间不少，效果一点没有。一听就知道是由于习惯不好导致进入了恶性循环。我让他先去进行有效的预习，减少课外补课的时间，两个星期后，他的状态就有了很大的改善。

一位优秀的高中生说："预习是合理的'抢跑'。一开始就'抢跑'领先，争取了主动权，当然容易取胜。"对北京市 1000 名初一至初三学生的调查结果显示：重点学校有 25% 的学生、普通学校只有 17% 的学生能够达到预习要求。真正有良好预习习惯的学生少之又少。在我的经验中，但凡有良好预习习惯的孩子，成绩一定不会差。

如何做好预习呢？这里介绍一下我的经验：

第一要设定时间，限时预习。有了时间限制，孩子才能够有紧迫性，减少走神概率，学习效率才能有所提升，很多学生拖拖拉拉就是平时学习中时间观念不强所造成的。

第二要分清重点、难点、疑点。什么是重点？重点就是考点，这些内容一定要反复记忆，在预习的时候能够掌握是最好的。难点是什么？就是那些你不会，但是通过查找资料你能弄明白的。疑点呢？就是不管怎么努力，你都不会做的。疑点就要留到课堂听老师讲了。如果你能够在每次预习中把重点弄明白，难点处理了，疑点在听课中解决了，你已经完成了学习中的80%。记住：重点是每个学生都一样，这个是考纲已经定好了的；难点、疑点各有不同，这是因为每个学生对学习的掌握程度不一样。

第三是要独立思考。疑难问题一定要独立思考，多分析。不要遇到问题就马上查资料，你越用心，思考的时间越长，你的体验就越深刻，问题解决的时候，你就记得越牢固。对于一些概念一定要做到三个“什么”：是什么、为什么、怎么用。是什么，就是认清楚这个概念；为什么，就是这个概念是怎么推导出来的，在什么情况下产生的；怎么用，就是在实际中如何运用。你这么做了，对知识的掌握一定会更娴熟。

第四就是要梳理疑点了。把缜密思考、反复演练后没有解决或者没有把握的问题再进行仔细梳理，确实有问题的带到课堂上去就可以了。

第五一定要去练习。很多学生只是看了看，有的也读了读，却很少练习，这样的预习效果就不好。

以上这五步，对于小学生请一定严格按照去做，不能偷懒。对于中学生，可能功课压力比较大，如果能够完全做到当然是最好的，如果确实做不到，你要善于利用碎片时间：上课前短暂的五分钟、早晨上学途中、等车时间等，抓住点滴时间进行预习，预习得越扎实，上课的效率就越高。

当然，如果一个学生能够把预习用到炉火纯青的地步，那他就具备自学的素质，也就是我经常说的一句话：好的学生不是老师教出来的。学生自己一定可以学好，关键是看我们如何去引导他。如果孩子具备这样的素质，常规的学校教育就不一定适合他，一定要选用个性化的方式去教育。一个初三学生过来找我咨询，原因是压力太大。什么原因导致他压力大呢？他几乎天天不听课，天天按照自己的方式学习，成绩还是全校前三名，可老师天天批评他，说他影响同学们的学习积极性，他非常郁闷。他给我描述了他是如何自学的，这里不赘述，我听了之后，知道他自我学习能力足够，不需要按常规方式去做。我只要他记住一点——“优秀的人是孤独的！”给予他支持的同时，我也建议他的家人和老师谈谈，希望校方给予他支持。显然这个孩子就不需要常规的学校学习，他需要“个性化定制”。但是大部分学生得按照常规的方式去做。

记住，预习不但可以提升课堂听课效率，而且为提升自学能力奠定了基础。

五、会不会听课

预习谈完，就谈谈听课。

上节我们谈过，预习是为了更好地听课。听课的效果，也有很大部分是建立在预习的基础上的。没有很好的预习，听课的效率也不会达到最优，这也是会不会听课的指标之一。所以，要会听课，首先还是要学会预习。

首先，有了预习，你也就知道老师当天要讲的大致内容，也会明了这些知识点，大概知道课堂中老师讲解和练习的例题，当然也会初步估测老师在知识讲解和例题解析时大致要用的方法。在上课的过程中，审视一下自己预习的和老师讲的异同，如果不同，思考为什么老师的方法会和自己的不一样，不同点在什么地方，是自己的还是老师的更好。同时，梳理自己的问题，以便在以后的预习中规避。

其次，要注意上课老师反复强调的重点，如果自己难以一时搞明白，或者自己认为比较难的知识，一定快速用自己喜欢的方式标注，以便课后有针对性地复习。

对于难点，记住，不管多难的题，都是老师所讲的知识点的运用，只要对学的知识进行认真梳理，并加以灵活运用，一定能找到解题的方法。

最后，老师在讲题时，特别在未给出解题方法之前，一定要自己抢先一步找到突破口，这样知识掌握得才会更牢固，同时也有利于成就感和自信心的提升。如果发现自己的解题方法和老师的不一致，一定要对比优劣和解题思路的异同。

记笔记也是很重要的一环。针对小学生我建议各科准备个笔记本，把本子中的每一页划分成如下三大块：

<table>
<tr><td colspan="2">第一部分（预习内容：重点、难点、疑点）</td></tr>
<tr><td>第二部分
（课堂笔记）</td><td>第三部分
（自己的理解、体会、思考）</td></tr>
</table>

第一部分主要是把预习的内容进行简要的总结提炼，不但让孩子做到预习，也训练了孩子的思考总结能力。第二部分就是课堂的简要笔记，原则是越简单越好，用孩子能够明白的方式去记，只要能够方便以后更好地复习就可以。第三部分很重要，在课后总结自己对当节课的理解，同时也要总结自己预习是否到位，为自主学习打好基础。第三部分不要求孩子能够写得有多好，坚持认真去做，孩子的总结能力自然就会有很大的提升。

对于中学生来说，虽然不用像小学生那样非要记在笔记本上，但是记笔记的习惯要有，总结思考的习惯也要具备。你可以把笔记和思考总结写到书本上，或者用其他自己觉得比较方便的形式记下来，但要做到形可变、质不变。

最后就是要注意课后的总结巩固。这里建议用视觉成像法回顾课堂内容。在用视觉成像法回顾课堂知识前，我们先了解一下人的记忆曲线，也就是艾宾浩斯曲线：

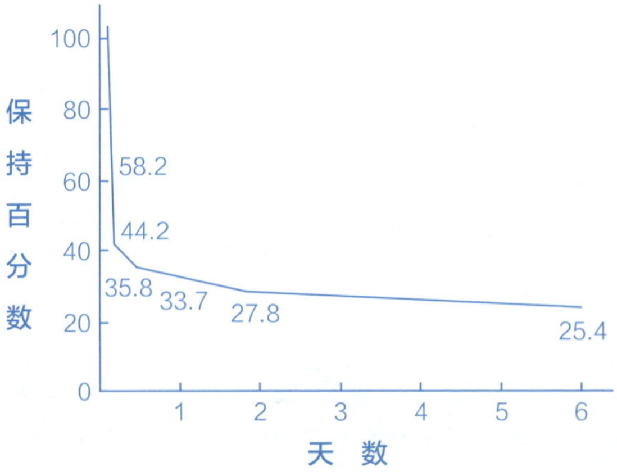

时间间隔	记忆量
刚刚记忆完毕	100%
20 分钟之后	58.2%
1 小时之后	44.2%
8~9 个小时后	35.8%
1 天后	33.7%
2 天后	27.8%
6 天后	25.4%
一个月后	21.1%

从以上两个图表我们可以看到，刚刚记忆完一个知识点时，我们对知识的掌握是 100%，20 分钟之后掌握的知识只剩下 58.2%，一个小时之后就剩下 44.2%，一天后剩下 33.7%，一周后剩下 25.4%，一个月之后就剩下 21.1%，这就是人的记忆规律。所以，对当节课的复习巩固也是听课很关键的一环。

如何把课堂听到的内容巩固好，我对学生的要求是：

1. 当节课老师讲完后，把书盖上，视觉回顾一分钟，回顾不到的也就是自己遗忘最快的，翻开书仔细复习一下。

2. 第二节课下课后，先把当节课学的知识点视觉回顾一分钟，遇到不会的翻开书复习，再把前一节课所学的内容视觉回顾一分钟，记不起来的，同样翻书复习。

3. 第三节课下课后，回顾当节内容，然后回顾第二节课内容，不用回顾第一节课内容。

也就是每节课下课后除了回顾当节课的内容外，只需回顾前一节课的内容。依次类推。

4. 晚上做作业之前，和课后一样，对每一门课都盖上书各回顾一分钟，记不住的再认真复习记住。

5. 每周末抽出时间对当周所学习的各科内容进行视觉回顾五分钟，想不起来的可查书复习。

6. 每个月的月末，和每周一样，用同样的方法复习巩固。

总结一句话就是："三个一分钟，两个五分钟！"

对于孩子听课的过程，有很多家长不放心，不知道孩子在课堂中真正的学习效果。当然，听老师反馈是方法之一，特别是孩子是否在课堂中积极回答问题，这是衡量孩子是否认真听课的很好的指标。如果孩子经常走神的话，我一般建议家长和老师沟通，多提问孩子，反过来对孩子认真听讲会有很大的督促作用。

另外一点就是看孩子的课堂笔记，不管是记在笔记本上，还是记在课本上，都可以通过查看笔记的方式检查孩子的听课质量。

如果家长还是不放心，毕竟老师也没那么多精力时时刻刻提问孩子，或者担心孩子笔记是课后补的，每晚孩子回到家以后，让孩子在不看书本的情况下，给家长讲解当天所学内容，家长可以作为学生提问孩子，也就是把“三个一分钟，两个五分钟”的第三个一分钟改变一下形式。这种方式虽然不能够把控住孩子上课是否认真听讲，但可以知道孩子知识点是否掌握牢固。毕竟孩子把知识点掌握牢才是硬道理。针对听课习惯很差的孩子，这一招是我建议家长必用的。

除非孩子具备完全的自学能力，否则，不管孩子处于什么样的状态，听课的效率是每个家长必须要注意的。要不孩子的学习不是一塌糊涂，就是课后不断地补课弥补。对于补课，能补到什么时候呢？“双减”政策下，这条路已经逐渐行不通了。完全靠补课的学生，即使能考上高中，高中学习起来也很痛苦。

提高听课效率是孩子学习效率提升的保障！

六、做好作业不简单

有很多学生做了无数道题，参加了许多补习班，为了学习没有丝毫的休闲娱乐时间，我认为这都是没有必要的。很多家长在孩子小学的时候，就把孩子的课余时间占满，用在学习上，这其实和孩子的身心发展相违背。请问，小学每天晚上都要长期加班到十一二点的学生，初、高中该怎么办?

在孩子很小的时候，一定要让孩子知道作业做好的重要性，其实真正需要做的无须太多。能够把学校老师布置的作业做好，高质量地完成，学习根本不是问题！可悲的是很多家长没有这么思考，认为学校布置的不够，更有甚者觉得孩子分数差的原因是题做少了，只有大量做题才能提高分数。当然，如果确实是老师不负责任，布置的作业比国家课纲要求的少，那当然可以增加。如果孩子的基础比较好，需要增加竞赛类的，那适当多一些作业也是可以的，这里我们只探讨完成课纲规定的学业内容这一种情况。

如何完成好作业呢？

第一，做作业时需要营造一个良好的学习环境，排除一切干扰。

尽量让孩子待在一个清静的环境里，像毛泽东同志在闹市中读书这样的事情，不适合大部分孩子，如果一个人能够在嘈杂的环境里读书，这个人一定具有足够的毅力和定力，同时也说明这个人对读书的热爱，很多孩子不具备这样的素质。所以，良好的环境必不可少。如果家庭成员都有良好的学习习惯，对孩子的影响当然是良性的。有些家长自己在玩游戏、耍手机，却不断要求孩子努力学习，更有甚者是一边玩手机一边守孩子做作业，情况会更糟。为了引导孩子产生学习兴趣，你能不能首先培养一下自己的学习兴趣呢？道理讲得再多也没有用，言传一定不如身教。如果家长把学习的浓厚氛围营造好了，何愁孩子不愿学习？

对于书桌上的摆放要求，书桌上只允许摆当天的作业，按照自己做作业的习惯，先做什么后做什么，由上向下依次整齐摆好。一般放在书桌的右上角，做完一科，依次摆整齐放在书桌左上角。至于其他东西就不要放在书桌上了，书桌周围都不能放影响孩子学习的东西。很多孩子把玩具、自己喜欢的漫画书、手机等放在书桌上，做作业的过程中不自觉地就拿着看或玩，家长一直用“这个孩子的自控能力不强”来解释。在《预习很关键吗？》这一节我们谈到了人的专注力时间，孩子在学习累的时候，专注力下降了，自然会放松，这不是他的意识能控制的，这时周围正好有喜欢玩的东西，他自然就控制不住，一定会走神去玩。其实我们成人也是一样，我们为什么用一个成人都做不到的方法来要求孩子呢？有很多家长说了："郑老师，为什么别人家的孩子能够自我控制呢？"那是别人之前已经做了很多功课，孩子的习惯已经养成了。

第二，限制做各科作业的时间。

做作业前，对各科作业进行浏览，估算做题时间。可以总体评估，也可以单科评估。限制时间的目的是增强做作业的紧迫性，提高作业速度。作业速度提高了，休息的时间自然就增多了，限制时间也是提高学习效率的很好办法。这里要提醒的一点是速度快到一定程度，一定会产生马虎的问题，速度和质量始终是一对矛盾，所以作业的速度一定要适合自己的情况。有的人可能快点好，有的人就不行，但是一定要有意识地不断提高自己的做题速度。

没有准确率就不要妄谈速度，很多学生，知识掌握还可以，做题速度又很快，但准确率实在是不敢恭维。怎么提高准确率呢？要注意两点：一是做题前一定反复审题，我教学生的方法是读完题后再读一遍；二是做完题后，检查一遍再做下一道题。有人会说了："老师，这样做题速度岂不是很慢？"开始是这样的，随着你不断练习，加上不断限制自己做作业的时间，速度自然就能够提上来。最终应对考试一点问题都没有。

做作业如何还能更快呢？这里要讲一个“精”字。拿到作业，总体浏览，看看哪些内容自己已经很熟练，哪些自己掌握不牢，自己熟练的题，在保证准确的情况下快速做完，至于自己生疏的部分，一定要多花些精力去做，以确保掌握牢固。这样，既做到了有快有慢，有张有弛，也更好地确保了作业完成的质量。

总之，做作业限定时间就可保证作业的“精”“快”“准”！

第三，作业过程中要保持平静与安定。

也就是把学习状态调整好。人类在下面两种情况下潜能发挥最优：一是最危险的时候。通常我们说后面跟个狼，看你跑不跑？这种情况用多了，对心理的摧残也是很严重的。20世纪90年代初，我国的中长跑项目在世界上非常出名，那是马俊仁带领他的战队创造的，传奇教练培养了一支震惊世界体坛、所向披靡的队伍，为祖国争光，让所有华夏儿女扬眉吐气。后来，通过媒体报道和运动员透漏，马俊仁是通过极其残酷的方式逼迫运动员训练的，虽然他的团队取得了优异的成绩，但运动员的身心遭受了极大的伤害。长期的逼迫容易使人产生心理问题，所以最好只在合适的时候偶尔运用一下。我的一个初三学生，男生，2016年寒假期末考试成绩下来，有80%的概率直升高中，期末考前两个月，他的成绩离直升还有一点差距，我就和他协商好，这两个月进行魔鬼训练，他同意后就展开。进行魔鬼训练的时候，学校老师认为孩子和以前大不相同，是不是产生了心理问题？家长说：“郑老师，这样下去孩子会不会疯掉？”其实，这就是特殊时期的特殊训练，根本没有问题。一个月过去，孩子的成绩达到了直升的水平，这个训练就结束了，最终孩子顺利地直升到自己理想的学校。二是平静与安定。我们古人讲“定能生慧”，就是这个道理，做事不能慌张，平心静气。这样学习的效率就会很高。具体方法不赘述，在《忘我》这一节我已讲过。作业前不论你是做放松还是深呼吸，抑或用喝水法，都是可以的。

第四，如何做作业？

我建议先做自己喜欢和相对容易的科目，把不喜欢和难的放在后面。这样做和第三步的效果一样，为了保证做作业的效率。喜欢和容易的做得快，消耗的精力就没有那么多。如果先做不喜欢和难的科目，由于前期精力消耗太多，做自己喜欢和容易的科目时效率就会低下。

对于难题，我的建议是先思考五分钟，如果不会做，放下，把后面的题做完后，再回来思考五分钟，如果还是不会做，继续放下，检查做完的作业，再思考五分钟。最后一个五分钟还思考不出来，就可以查资料或者请教别人了。这就是我总结的“三个五分钟”。为什么是这样呢？第一个五分钟是要求我们去思考，但不要浪费太多的时间，如果一道题五分钟你还没有思路，说明当天的知识点你掌握得不牢，放下，做完后面的题可能有助于扩展你的思路。大部分情况下第二个五分钟题就会做了，如果第二个五分钟还不会做，第三个五分钟几乎也很难做出来。但为什么我还是要提倡用呢？这是要锻炼学生迎难而上的能力。遇到问题，不能轻易放弃，也算是毅力训练的一种。

第五，突破。

如何突破呢？首先是检查作业，检查作业不仅仅是纠错，纠错的方法我们在限定作业时间这一部分已经讲过了，检查只不过是对那个部分的再补充。检查作业其实就是复习。我们在《会不会听课》这一节讲到了艾宾浩斯遗忘曲线，一个知识点要熟记，需要很多次的重复，如果我们把检查当成是一次复习的话，你对题的熟练掌握程度会更进一步。如何让检查复习的效果更好呢？盖上答案，重新思考怎么做，最好是先思考还有没有别的方法，如果有，就用。但大部分时间是找不到别的方法的。但不要因为找不到就不思考了，你思考的过程就是你梳理本题知识点的过程，也是你强化这个知识点的过程。如果你能够在检查的过程中再思考一下类似的题在哪个地方见过，或者这道题如果让你改编你会怎么出题考别人，效果就会更优。

检查完了，就要勾画重点、难点、疑点，这里的方法和预习时用到的方法一样，勾画的过程，相当于又复习了一遍。同时，也方便以后重点复习。这又提升了你今后复习的效率。

第六，复习。

如何复习呢？当天做完作业，如果能够认真按照我上面说的检查作业和勾画重、难、疑点，当天的复习基本就可以了。这时候按照艾宾浩斯曲线，我们对前一天所学的内容会有遗忘，现在把前一天勾画的重、难、疑点复习一遍，周末的时候抽出一个小时的时间把当周作业中勾画的重、难、疑点复习一遍，月末的时候把一个月所学的内容再复习一遍。当然，半期和期末的时候老师会给你时间复习，那个时候你复习的效率会比别的同学高很多。

这就是我所讲的“一天一周一月”！

如果你能够完全按照我上面所讲的内容去完成你的作业，学习哪有那么累？真正做好了，你一定会比别的同学轻松很多。

七、学好就能考好吗？

很多学生只是一味地苦学，不懂得考试的技巧，知识掌握得不错，但一到考试就会出问题。这里排除那些觉得自己学得挺好，知识掌握得挺牢固，其实知识点掌握得模糊不清，很多问题似是而非，最终导致考试考不好的，这类学生千万不要把这个问题当成考试问题来处理。这两类问题，一定要分清，问题找不准的话你会做很多无用功。这里我们只讲考试技巧问题。

要想在考试中拿到好分数，心态至关重要，一个良好的心态，决定了一个学生能否把他所掌握的知识淋漓尽致地发挥出来。有一些学生没有自信，总害怕自己考不好会受到家长和老师的批评，一到考试就紧张，一紧张就发挥失常；有一些学生是自尊心太强，导致考试压力过大；也有一些学生是满不在乎，一点也不在意，最终导致出现考试分数不高……我的一个学生李某是成都某重点中学的优等生，这个学生家在成都郊县，考到所在学校相当不易，所以她很是重视，自己出一点问题都相当在意，考试更是紧张得不行，每次虽然在学校排名还可以，但就是不能把自己的真实水平发挥出来，这里面有她自己想要考得更好的压力，也有学校对她分数提升的压力。对于这个学生的疏导，是让她意识到考试只不过是她近段时间学习效果的展现，而不是她本身努不努力的问题，因为她足够努力，所以对于学校的名次要求可以视而不见，按照自己的学习方式走就可以了。心理学有一个耶克斯—多德森定律，指动机的最佳水平随任务的性质不同而不同：在比较简单的任务中，工作效率随动机的提高而上升；而随着任务难度的增加，动机的最佳水平有逐渐下降的趋势。根据耶克斯—多德森定律，对于考试，正确的心态是要足够重视，但不能有过多压力，压力太大和没有一点压力对考试都是不利的。

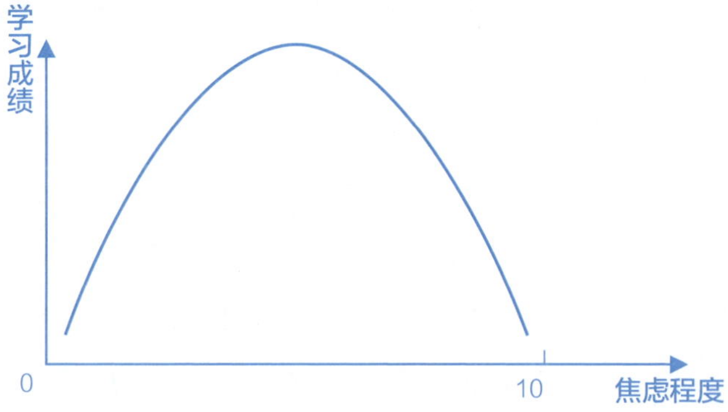

成绩与压力曲线图

书写对考试分数也有至关重要的影响，这是老师们天天提年年讲的问题，这里还是要强调一下。书写对于考试的重要影响是不言而喻的，良好的书写会让阅卷老师心情愉悦，自然在主观上给予你高一点的分数；如果你的书写特别差，阅卷老师看不清或者看起来很费劲，这自然会影响到老师的心情，继而影响阅卷老师对你试卷的客观评价，特别是像语文、英语的作文和问答题这类需要书写特别多字的题目。为了避免阅卷老师的主观误差，现在越来越多采用机器阅卷，这其实对书写的要求更高，如果你写的字不是太好，老师还可以根据自己的判断来分辨一下，机器如果认不出来，就毫不留情地一分不给，这分数失得岂不是很冤？

考试如何答题呢？考试和平时作业不一样，做题的方式也不一样，这就不能按照写作业的方式去做了。考试的时候，当然要做到“快”“准”，这是在写作业的过程中练就的本领，考试就要用起来。首先是“准”，和写作业的过程一样，要做到做一道题保证准确后再做下一道，但是如果你平时写作业过程中没有这样训练的话，考试的时候时间一定是不够的，所以这一步在写作业的过程中要努力加强。“快”就是能够多快就多快，不过这是建立在“准”的基础之上的，拿到试卷之后，可以总体上浏览一下，根据以前积累的考试经验，大致分辨出试卷中难题与容易题（如果命题正常的话，应该是容易的在前，难题在后），并估计一下试卷中每部分应该分配的时间。遇到难题，感觉没有思路立马放下，把后面的题做完了，再回来思考，把会的题全抓住，不会的题尽量去得分。解决难题不要恐慌，解决难题的技巧是综合性的，要保持“放松”的心情，考试遇到一两道难题是正常的，遇不到难题才是反常的，所以大可不必“如临大敌”。如果你平时用心体会就会发现，所谓的难题，每次无非就是在特定的部分，几乎不变。以成都中考数学为例，难题基本都在 B 卷，需要深度思考的无非是 A 卷最后一道题的后两个问题，B 卷的填空题后两道，还有 B 卷的最后两道题的后两个问题。这是最多的情况，其实大部分考试还没有那么多。难题只不过是你与命题教师之间进行的一场“智力过关游戏”的高级关口，你首先应该庆幸自己已经打到了这一级。难题所涉及的往往是我们平时学习中最主要、最重要，也是教师强调最多的那部分知识、技能，所以解难题的技巧要从自己最熟悉的地方入手，如先用“直觉”最快地找到解题思路。如果“直觉”不管用，你可以联想以前做过的类似的题目，从中寻找思路。你也可以猜测一下这道题目可能涉及的知识点和解题技巧，然后进行尝试，如果这样还不行，你还可以从自己脑中的知识体系和解题技巧体系中逐一搜索，找到可能的解题思路。如果最终还是不会做，那就尽量按照自己的直觉写出解题思路，尽量多写些内容，比如数学后面的大题，尽量多写一些自己的思路，纵使题最后做不出来，但还是会得到一些步骤分。比如语文中的问答题，如果答案不确定，也要多写，只要你写的内容中有考点，老师就会给你分数。记着一句话：少写不行，多写无过。

不同难度的考试，考试的重心不一样，难度大的考试主要考查的是能力与方法，关注的是“懂不懂”“会不会”的问题，这种考试一般是竞赛类的考试，这类考试能够分辨出学生知识掌握的程度。但是大部分考试主要考的是基础，更多的是关注到你的学习习惯的问题，很多习惯不好的学生，总是会在这类考试中翻船，如果你总是疾风暴雨，不能认真审题做题的话，你很可能“阴沟里翻船”。我当年中考就发生了这个问题，本来我的数学特别好，几乎每次都是班上第一，试验班的提前考试我也通过了。中考的时候，我看到数学题特别简单，就匆匆做完，没有检查，提前半个小时交卷，本来以为可以得满分的，最终只得了八十八分，这是我一辈子的“耻辱”，也成了数学老师在教育我学弟学妹时常用的反面案例。

心态、书写、答题技巧以及不同难度考试的应对方式，是我们必须要去掌握和牢记的。作为一名学生，你不但要会学习还要会考试，这个习惯一定要养成。

第四章

学习方法

书山有路勤为径，

学海无涯“法”为先！

即使方法不得当，也可能攀登高峰，

只不过是“苦作舟”！

如果方法合理，这个过程会成为一种享受，

变“苦”为“乐”了！

二、如何去玩语文

如果你去问语文成绩非常好的孩子，你得到的答案一定是：语文没什么好学的，多看书就可以了。确实，学语文本身就不是难事，只要是爱阅读的人，语文一定不会差。所以说，语文是玩出来的。因为爱阅读的人，他们把看书当作和听音乐、玩游戏、做运动一样的娱乐方式。我在《阅读是一种习惯》这一节举过两个小学生的例子，一个男孩、一个女孩，两个都酷爱阅读，他们把阅读当成了人生乐趣，特别是女孩，把课余时间都用在了阅读上，妈妈由于害怕孩子太过痴迷才来找我咨询。这两个孩子的语文成绩一直都非常好。

孩子很小的时候，把认字当成“玩”。该如何“玩”字呢？

家长要多从生活中引导孩子，比如，使用家里的一些生活用品时，逛街时，旅游时，看到了什么字，让孩子不经意间去学习，孩子记住了，及时进行鼓励或奖励，让孩子产生认字的乐趣。这些字不要过难，孩子容易记住最好，把认字这件事情生活化。等孩子认识的字达到一定量的时候，可以适当要求孩子进行批量记忆，可以采用趣味式记忆或者互动式记忆，也可以进行词的记忆，特别是可以设计一些连词训练，把认字这项活动玩起来。

在字词训练的过程中，家长可以通过读故事书或讲故事的方式激发孩子的阅读兴趣。也可以在孩子熟记故事的过程中进行角色扮演来体验故事，增强孩子的感受，也提升了阅读的趣味。

在孩子对字词和家长阅读的故事掌握得比较好的情况下，让孩子总结故事的大致内容，训练孩子的总结归纳能力。这个时候一定不要强求什么标准答案，孩子只要能够顺利总结就可以，等训练到一定时候，孩子自然能够顺利学会总结方法。如果家长过于着急按照标准答案强求孩子，反倒会打消孩子学习的积极性，适得其反。

等孩子能够独立阅读的时候，可以让他们读一些民间故事、童话故事和寓言故事等，这些故事的趣味性比较强，更能引起孩子的阅读兴趣。再后来慢慢过渡到儿童文学、科幻漫画，等到小学阶段可以阅读简化版历史名著、文学名著等。到中学以后，就可以大量阅读杂文随笔、原版名著、名人传记等不同类型、不同内容的书籍。

美国心理学家克拉森的研究表明，学生充满兴趣地阅读课外书对提高他们写作能力的作用，远远大于机械的写作训练。当孩子能够独立进行课外阅读之后，阅读带给孩子的不仅仅是词语的积累，也是素材的积累，达到的最高境界是情感的积累，这能很好地提高孩子的阅读理解能力。理解能力是一种语文素养，它不会像识记能力那样易于形成，需要耐心地长期积累，坚持阅读是培养理解力的有效途径。

孩子要提升语文素养，一定要博览全书，这也是孩子发展创造力、增长见识、提升智慧的方式之一。建议孩子在中小学阶段阅读的课外书最低 500 本，如果能够达到 1000 本会更好。据说，美国政府经过调查，发现阅读量少是影响美国人智力发育的一个重要原因，于是，制定了一系列提升学生阅读量的举措。美国一个小学一年级的学生平均一年阅读量是 25878 字，小学二年级年阅读量就达到了 83205 字，到了小学高年级这个数字就上升到了超过 40 万字。我国随着近些年教育体制的改革，在“大语文时代”与“双减”的大背景下，全民阅读活动在全国各地蓬勃发展。在学校和家长的共同努力下，我们孩子的阅读量得到大幅提升。

阅读的时候，一定要注意动脑筋，多思考。小学高年级开始，一定要在阅读的过程中多进行批注，多思考，加入自己的见解。阅读是纯粹自由的精神活动，是一种精神的旅游和探险。阅读别人的作品要和阅读自己的生命相结合，要从别人的作品中读出自己来。这样，才能达到阅读的效果，提升自己的阅读品位，提高自身的文学素养。

对于语文中的古诗词，要让孩子理解当中的意境，很多诗词读起来朗朗上口，如果能身临其境，掌握起来非常轻松，读起来也会很舒服，犹如唱歌。

文言文对很多人来说是个“老大难”，其实说难也不难。说它难，是因为文言文中有不少生僻字词以及多变的句子，其实这些词句你用得多了，熟悉了，就不难了。学习文言文，最大的障碍就是语言，我们一定要掌握文言字词和古汉语的一般规律，如：一词多义、通假字、文言虚词、古今语句区别等。把这些规律掌握以后，进行反复朗读，读得多，读得熟，理解也就深了，这就是我们常说的“书读百遍，其义自见”。除此之外，还要多做繁简转化训练。这是极其重要的综合训练，它既能加深对文言文的理解，也可以提高运用现代汉语的能力。做到以上三点，文言文就不在话下了。

记日记、写作，是提升孩子语文成绩必不可少的途径。要让孩子养成记日记的习惯，记日记不但能够培养孩子的观察力、思考力、分辨力，还能提高孩子的文字表达能力，磨炼孩子的意志，也能为以后的写作奠定基础。记日记不在于孩子写得如何规范，如何好，能够一直坚持写下去，养成习惯才是目的。当然，最开始的时候一定不能要求太多，由开始的一两句，到三四句，慢慢增多就可以了，内容也不要限制，孩子喜欢写才是最重要的，一定要相信水到渠成。

如何进一步培养写作能力呢？多写。能说的就要写下来，最开始让孩子用自己的语言写，等孩子素材积累到一定阶段，对生活的观察能力、体验能力提升到一定阶段，就要进行优化，多练习了。模仿范文也是一个很不错的方法，特别是孩子，他们善于在模仿中学习，如果不许模仿，他们一定举步维艰。在这些都准备充分后，就要多激发孩子的灵感，丰富其写作的情感，丰满文章的肌理了。我的一位学生从来没有报过作文补习班，但他的作文却非常优秀。原来在小学阶段，他的母亲每学期都会订购教材同步作文书，然后要求他从每三篇范文中，择优誊抄一篇，并要讲述清楚为什么这篇更优秀。誊抄的这篇还要自己继续修改优化，再抄写两三遍，长此以往，作文想不优秀都难。

生活是语文学习的最终课堂，引导孩子多看看世界，面对精彩纷呈的生活场景，多实践，拓宽孩子的视野。只有深入生活，孩子才能真正明白语文的用处和好处，提高学习语文的兴趣。

二、数学与思维分不开

数学的学习除了要求孩子具备良好的学习习惯之外，还要求孩子有良好的思维能力，要多思考、善思考。学好数学，一定要具备形象思维、抽象思维、统计能力、合理推理能力、演绎推理能力和反思意识。

《数学评价手册》对数学的学习分了四个层级：

学习较吃力的同学只要完成基本知识点的学习就可以了；成绩中等的同学可以完成辨析与反思；成绩优异的同学最好加上探索和思考；学有余力的同学可以选择一本好的课外书，自己挑选部分既能够巩固所学知识又能拓展知识面的习题，在做题时尽量讲究一题多解，发展自己分析问题和解决问题的能力。

学习吃力的同学，要注重每个基础知识点的掌握，不在于做多少题。要认真看课本，掌握每一个公式定理。特别是了解每个公式的推理过程，自己能够讲清楚说明白。知道了公式定理的产生过程后，还要思考为什么，也就是说为什么会有这个公式，在什么情况下产生的这个公式定理。对这方面有深入的了解，就为后面的应用奠定了良好的基础，也就是说你对公式定理有很透彻的理解了。下一步就需要进入应用了。应用的第一个层面，就是例题。课本上的例题思路比较简单，知识点单一并不会交叉，自己要把例题反复推演几遍，掌握透彻。下一步就是课后练习题，课后练习和例题是一个级别的，如果课本上所有的题都会做了，证明基础知识已经掌握了。之后，不断重复复习，避免我们大脑对知识的遗忘，基础知识掌握得就会比较扎实。学习吃力的同学往往是小学阶段习惯比较差的，数学是门讲究规范、步骤的学科，在小学阶段老师会通过读题勾画重点、打草稿列出解题过程等规范动作引导学生培养数学思维。有的学生流于形式，体勤脑懒，越往后学自然越吃力。

成绩中等的学生一定要学会辨析和反思，一道题你一定要多辨析和理解，特别是难题。你要反思自己是否怕难题，是否遇到难题就绕道，恐惧害怕。很多学生数学分数提不起来，很大一部分原因是对难题的畏惧心理，看到难题就退缩，这肯定不行。多辨析，看看知识点的运用，如果思考很长时间确实不会做，可以参考一下资料或者请教老师、同学，反思自己思路出错的地方，反复锤炼，总结思考。对于自己做过的错题，也要多辨析，多反思。要多问自己为什么。为什么自己会在这道题中出错，原因是什么？为什么会在相似的题中犯错误，是习惯问题还是哪个知识点掌握不牢固？为什么难题突破不了，是单一知识点学得不牢还是知识点的融合有问题？……

成绩比较好的学生，要进行更深入的探索和思考。这个时候，不仅仅是要学会基础知识，还要有分析整理能力，思索自己如何更好地提高。一个高中数学成绩从 29 分提高到高考时 147 分的学生讲的这个方法可以做个参考：有陷阱的题，这个陷阱不好描述，大抵就是说你容易被出题人的话绕到别的地方去，导致你在理解上而不是技术上出错；遇到答案需要分类讨论的题，我们却常常忘了分类讨论，说明我们的思考不够成熟；多种解法的题，每个解法都是一个思路；你反复会做错的类型题，这些题要多思考，多分析探索，多重复，做到熟能生巧，巧能生精。他讲的这些就是他在错题本上的一些经验总结，如何做到把书读薄，而不是盲目傻做题。这里重点强调两点：第一，一题多解，锻炼变式思维。用多种方法解同一题目，让孩子勇于创新、习惯创新，锻炼主动思考的能力，培养锤炼孩子变式思维的意识和能力。第二，一解多题，锻炼归纳思维。用一种思路解决很多相似的问题，每个学段所用到的数学方法就那几种，可以通过一解多题彻底弄明白某一种数学方法。与水平相近或比自己水平稍高的同学讨论自己掌握或未掌握的知识点也能达到事半功倍的效果。也可以通过给不如自己的同学讲题来更好地巩固自己的知识，提高自己对题目的掌控能力。

学校知识掌握得很好的孩子，可以尝试去做一些竞赛类的题目或者参加一些竞赛，让自己的思维更敏捷，思路更开阔。这样，课本上所学的知识对你来说就是小菜一碟了。

以上是按照孩子数学学习能力处于不同层次建议采取的不同处理方法，再加上学习习惯部分的落实，学好数学问题不大。但是，除了学好之外，还应该考好。要考好的话，做题的习惯是至关重要的。首先要注意审题，很多学生已知条件读不全、读不懂，这是做题没有思路的表现，越是综合型题目就越需要你从已知条件中，去挖掘新的条件，也就是题目的隐含条件，之后再着手去做题。其次还要注意如何得分，要将解题思路转化为得分点，主要体现在准确、完整的推理和精确、严密的计算上，克服“会而不对，对而不全”的问题。一定改变自己“重思路、轻步骤、不计算”的不良习惯。最后要注意准的问题，只有准才能得分，只有准才不用花费太多的时间检查。适当地慢一点、准一点，可以得多一点分，如果太快了，就错得多了，时间浪费了，分也不高。至于如何更快，在《做好作业不简单》这一节已经讲得很清楚了。

想数学考试拿高分的话，刷题也是有一定作用的。如果只是傻做题不思考的话，对数学的帮助也不大。刷题要有方法、有针对性，不能盲目乱做题。首先把刷题当成提高熟练程度、训练准确度的方式，训练好的话，可以提高考试时的做题速度，增加考试的信心与把握，也给难题留出足够的时间。其次，刷一些自己掌握不牢固的、经常出错的题型，或者是一些有难度的题，增加考试成功的概率。最后，学有余力的学生把一些重要的考试真题反复刷。

总之，在培养良好习惯的基础上，训练思维能力是学好数学必不可少的。

三、外语不过是一门语言

英语培训机构新东方总裁俞敏洪的一段话把如何学好英语概括得很好："英语实际上是一个通过不断地重复使用而达到熟练境界的技能，它跟智商没有关系。有人一本书一本书地在学英语，这个方法肯定完全是错的，你读过一本书，读过一遍，勉强把这本书理解了，再学一本新的，表面上看你的阅读水平提高了，实际上你的英语使用水平没有任何长进，使用水平包括了听说读写。我常常对大家的建议是专注一到两本还不错的教科书，把它用到滚瓜烂熟为止，必须把里面的课文背出来，以这个为基础再往前学英语就很容易了。"其实，他总结的一个中心点就是外语无非就是一门语言，除了听说读写的基础训练之外，精读精练尤为重要，学习语言是一个长期训练使用语言的过程。为什么我们中文说得这么好？因为我们从出生就开始听，一岁左右就开始说，两三岁的时候就开始慢慢进入读写了，多年不断地重复练习，自然就好，语言就是有这么一个特点。

在小学阶段，激发孩子的好奇心和兴趣是最主要的。产生兴趣是英语学习的第一步，孩子只有对英语产生兴趣，以后的学习才能更轻松更容易。美国心理学家布鲁纳曾经说过：“学习最好的刺激乃是对所学学科的兴趣，最好的动机是学生对学科有内在的兴趣。”小学生年龄小、好奇心重、好动、情绪不稳定、自我控制力不强，学习兴趣是他们主动学习的关键。词汇是基础，要听得懂、会说、会认、会拼、会写、会背、会用，在这七个层面由浅入深。听得懂和我们刚开始学话是一样的，别人说一个词，孩子明白意思就可以了，这其实是和一岁前学说话一样。说就是让孩子反复跟着模仿学习，亦如一岁多开始说话一样，多重复，反复模仿。再后面就是会认、会拼、会写了，会背和会用在小学高年级阶段开始就可以了。

在记单词的过程中，一定要注意方法，重复当然必不可少，这也是做好很多事情的一个前提，但是不要简单机械重复，要学习一些记忆技巧，比如：逻辑组记、对比式、情景记忆、联系生活、合成词拆分、读音联想法等记忆方法。按这些方法记忆，记得就比较快一点，然后再反复复习，达到事半功倍的效果。

对于中学生来说，我通常让孩子按照先初步记单词，然后熟读课文，再熟记单词，之后再进行课文背诵的方式来进行英语学习。

第一步是初步记单词，除了上面讲到的方式外，我还建议用联想法、拆分法、在文中记单词、在例句中记单词和根据文化背景记单词的方法进行。联想法，就是把单词的发音编成一个有意思的场景或故事。如：abandon，“哦搬都”（都扔了），抛弃。这些连成一个句子：“哦，搬都（掉），扔了（抛弃）。”annoy，“哦恼已”（已经恼火），惹恼。这样，读音和意思都记住了。还有一种突发联想，我看到一个故事是这样讲的，一个初一的孩子，有一天，英语老师布置的作业不仅要求学生背单词，还必须讲出背诵的方法。其中一个单词是 shy，这个孩子嘴里嘟囔着 sky、sky、shy、shy，突然来了灵感，sky 是她学过的旧单词，把 k 换成 h 就变成 shy 了，而且，shy 的汉语意思是害羞，“hai”第一个字母也是 h，就这样，她用这个方法记住了单词。其实，孩子多联想、多思考就可以发现有很多很有意思的关联。记得也不乏味，还有乐趣。拆分法是我根据构词法发展出来的，是把词汇按照“前缀 + 词干 + 后缀”做分解，掌握词的结构，在理解的基础之上进行记忆。如 abroad：ab+road；ab：前缀，离去；road：路；abroad，出国。当然，拆分的目的就是为了更好地对比记忆和关联记忆。再比如 international，国际的，可以拆分为 in：在……以内、在……之中；inter：埋葬；nat：守护神、精灵；nation：国家、民族、国民、政府；national：国家的、国有的、国民的。这样我们不但记住了 international，同时也记住了 in、inter、nat、nation、national 这五个单词，既有对比性，也有关联性。这样不但记得快，还多记了五个单词，词汇量也增加了。我们知道词汇量是学习英语的重中之重，按照这个方法，中学毕业孩子的词汇量可以变成课纲要求的三四倍，英语成绩还会差吗？如果在拆分法的基础上加上联想法会更有意思，记起来会更容易。in、inter、nat、national、international 可以联想为：在埋葬了国家的守护神之后就变成国际的了。尽管造的句不通顺，只是简单拼接，但方便我们理解记忆。通过这种方式，单词就记得差不多了。

第二步是大声读课文，读的课文是你刚才记单词对应的课文。读课文的时候，不会的单词不要去查字典，即使你刚才记的单词忘了，也不要去查，要学会根据上下文猜测单词的意思。我一般要求学生先大声读三遍，一定要边理解边记忆，之后，再读三遍，后三遍就要练阅读的熟练程度了。这样不但学习了课文，也训练了孩子阅读理解的能力。这时候，就把在文中记单词和在例句中记单词的方法应用起来了。（文中记单词，就是在读课文的时候记单词。在例句中记单词，就是把单词放在句子中来记）单词不是孤立的，它必须结合句子。一般情况下，孤立的单词不能表达完整的概念，只有把单词按照语言规律结合成句子，联系上下文来理解，去记忆。反复大量的阅读，是记单词的好方法，借助语言环境，提高记忆效率。同时，有需要学习的语法，也要在阅读时强化，语法规则只有在情境中学习才能更好地被理解和掌握，这不仅有利于充分理解语法概念和用法，而且真正是学用结合。

之后，再次记单词，对于课后的单词，根据联想法和拆分法

多记几遍，但切记不要把刚才不会的单词的意思写在课文中的单词旁边，避免读课文时有依赖性。至于在阅读课文时遇到自己不会而课后词汇表中没有的单词，就查字典学会，并记录在课后词汇表旁边，以便以后复习。

所有的单词都记好了，课文也熟读得差不多了，剩下就是对课文的背诵了。有了之前的单词记忆和对课文的理解熟读，背诵起来就会简单很多。就如俞敏洪所讲的，把我们学的课文反复背熟，达到滚瓜烂熟的地步。课本一定是最经典的英语学习材料。

这里，还要强调一下语法的学习。在阅读课文中除了运用情境学习法之外，还要多运用归纳整理法。英语语法内容非常之多，非常之杂，有多种词形变化，多种句子成分，多种句子结构，还有多种习惯用法。对这些进行归类整理，有利于语法概念的形成与建立。归纳整理的过程也是类比式学习的过程，有对比的学习比单一知识点的学习效率要高出很多倍。另外，一定要采用分散式的学习法，有层次地进行练习和实践，做到由表及里，由浅入深，由简到繁。这样既符合语言学习的规律，也符合人的认知心理规律，有利于练习实践，将知识转化为语言技能。

如果你把上面的这些做好了，你的英语素质基本上就具备了，英语作文的写作也就相应简单多了。

四、物理是对生活的提炼

物理讲的是“万物之理”，我们身边到处都蕴含着丰富的、取之不尽用之不竭的物理知识。只要我们保持一颗好奇之心，注意观察各种自然现象和生活现象，多抬头看看天空，常在地上找找，你就会发现物理中的“力、热、电、光、原”知识在生活当中处处都有体现。一旦养成用物理知识理解身边生活中的各种物理现象的习惯，你就会发现原来物理这么有魅力，这么有趣。比如对于力的学习，力虽然看不见，很抽象，但力产生的效果却容易被观察，多多观察思考，对掌握好力的知识具有事半功倍的作用。我记得在上小学的时候由于缺少玩具，我和好朋友经常一起自己来造，比如用电池和铁片做个动力船，把手电上的小灯泡拆下来和电池一起做简易台灯，夏天天热造一个小风扇……无形中把初中物理知识体验了一遍。等到上初中时，我们俩的物理课学习相当轻松，成绩基本都是班上前三名。

小学阶段，多做科学实验，了解大自然的奥秘，把科学知识融入日常生活中，培养孩子的科学意识，就如我和我的好友一样，在玩耍中就可以掌握很多物理知识。著名心理学家卡尔·R.罗斯在他的《个人形成论》中这样描述他从小积淀的科学实验方法："我父亲决定依据科学知识开发他的新农场，所以他买了许多有关农业科学的书籍。他鼓励他的男孩子们有自己独立的和有益的冒险事业，所以我和我的兄弟们养了一大群鸡，也曾经养过羊羔、猪仔和牛犊。在做这些事情时，我变成了一个农业科学方面的学者，并且只有在最近这些年我意识到，我以这种方式获得的是一种对科学的基本的感受。没有人告诉我，一个14岁孩子一定读不懂莫里森的《饲养科学》。我耕耘在几百页厚的书的字里行间，学习如何进行实验——控制组和实验组怎样匹配，如何通过随机方法保持实验条件的等值性，以便能够确定某种饲料对肉产量和奶产量的影响。我体会到验证某种假设是多么的困难。在实践探究中，我掌握了科学实验的知识，并树立了对科学方法的尊重态度。"看到没有，小时候不经意的学习为卡尔·R.罗杰斯后期的科学研究奠定了基础。现在小学阶段的科学知识学习和科学实验，家长和孩子一定要重视，不能流于形式，一定要让孩子去感受其中的奥秘，这其实是很有意思的事情，如果引导好了，孩子都会有很大兴趣，这也无形中为中学的物理学习奠定了基础。一个周末我去亲戚家做客，他们家两个孩子都有学校布置的科学实验作业，就是自己选择一个科学小实验去做。大一点的孩子主动要求去做三棱镜实验，我跟着一起去，两个人在太阳光下，不断变换位置，形成七色光，玩得很开心。回去后我让他们上网查一下相关知识，在没有任何指导的情况下两个人开始在网上学了起来，后来还和我一起讨论了一些折射和反射原理，无形中两个孩子对光学知识有了初步的了解。小学科学知识普及到位的话，初中物理学习起来就相当简单了。

初中物理知识点相对独立，彼此联系不大，相互影响也小，并且知识都是定性分析，学习起来不是很困难。如果要下决心学好初中物理，首先还是兴趣的培养，要具有一定的热情。有了兴趣，即使是遇到难题，也会迎难而上，愿意去学习、分析和攻克难关。同时要有物理学习的思维，思维要更活跃，视野也要更开阔，一定不要盯着分数，要探究每个知识点背后的原理、机制，并学会在日常生活中应用。要善于在日常生活中去发现物理的奥妙，初中物理大部分知识都可以在生活中去运用，即使不能在生活中找到，也可以通过课外书、电视、科教电影和网络来学习理解。当然，实验也是学习、理解物理知识很重要的途径，一定要多做实验，这也能更好地加深对物理知识的理解。

到了高中，就不像初中了，知识开始彼此结合，逻辑关系开始变得紧密，知识体系呈网状结构，这就需要更深层次的研究。在基本概念、规律和基本方法熟悉掌握的基础上，一定要能够独立做题，并重视做题的过程，这既能够培养独立思考的能力，也能够把知识体系梳理得更清楚。同时要学会整理知识架构，不管

是整体知识结构，还是某个知识点的结构，都要形成一个知识体系。另外，总结反思能力也很重要，总结的过程，既是知识成体系、成网络的过程，也是扩展自己思维的过程。定期的总结，不管是对知识体系的掌控，还是对重、难、疑点的梳理，对学好高中物理都至关重要。

最后，还是不要忘了自己的学习习惯，学习习惯是基础，没有这个1，后面加多少个0都没有用。一定要按照学习习惯这一部分要求去做，把错题掌握熟练，注重重、难、疑点的复习巩固，避免想当然，多回顾复习，掌握考试技巧……只有这样，你的知识才能巩固得更牢固，考试也才能够得到高分。

五、文理结合的化学

化学的学习，基础知识是重点，课本一定是主线，在把课本基础知识弄懂吃透后再说其他。常见元素符号、化学式、化学方程式等一定要花力气去记忆和强化训练。有人把化学比喻成第二外语，认为化学的分子式相当于英语单词，化学方程式像英语句子，做化学的计算题相当于做英语的阅读题，我觉得这个比喻很贴切，这不但强调记忆的重要，也说明深入理解必不可少。

化学这门课有其不同的学科特点，其知识点好学易忘，学习时一定要注意运用一些有效的记忆方法，如拼音记忆、形象记忆、韵语记忆、谐音记忆、歌诀记忆、联想记忆、分散记忆等，把要求记住的内容，灵活记住。在记元素符号时可以用拼音记忆：钠元素（Na），“钠”的汉语拼音为nà；钡元素（Ba），“钡”的读音由汉语拼音“b”的发音与英语字母“a”的发音拼成；氟元素（F），“氟”的声母为“f”；钨元素（W），“钨”的声母为“w”；锂元素（Li），“锂”的汉语拼音为“lǐ”。如学习氢气还原氧化铜实验时，我们用歌诀帮助记忆，这样既记住了实验步骤，又指出了易错点：先铺黑粉氧化铜，固定试管稍下倾；再通氢气半分钟，然后点燃酒精灯；粉末变红停加热，试管冷却再停氢；若先点灯易爆炸，若先停氢易氧化。在对化学知识的学习中一定要发挥自己的聪明才智，学会巧记活记。

化学需要记忆的这些内容具有文科学习的性质。除了准确记忆之外，还要准确理解和应用。化学考试的题目大部分都是平时做过的类似题型，有些同学在实际应用时，虽然记住了所有的东西，但面对一些新的需要触类旁通的知识仍感束手无策，所以除了会准确记忆，还要懂得准确理解和运用，而这些则需要按照学数学和物理的方式去学习。

另外，要学好化学必须重视实验，离开实验就没有化学。在老师做实验的过程中一定要认真观察，熟记实验用的仪器、药品、装置以及实验目的、原理、步骤和注意事项。要注意每个实验的操作过程和实验现象，这些直观、千变万化的现象能加深我们学习化学的热情，也更能加深我们对化学知识的理解。光看是不行的，亲自动手做实验才能够深入理解化学的精髓，要严格按照实验要求，熟悉操作过程，对实验中出现的各种现象耐心地观察，认真思考，不断提高自己分析问题、解决问题和独立动手实验的能力。我的一位学生从小就对航天航空知识感兴趣，对动力系统尤其热爱，玩的游戏必须先自行设计，不管是飞机还是火箭，每个参数自己设定，他曾经在咨询的过程中不止一次给我演示他的成果，相当不错。为了更好地了解这些航天器的发动机推力，他在网上查了很多资料，并想买原材料做实验，由于我国对这些敏感原料的管制，他虽然没有如愿以偿，但模拟实验从来没断过，并为此还到我国各卫星发射基地去参观。由于抑郁症他休过学，复学后也时断时续地上课，到初三由于学习问题找我的时候，很多科目的成绩都很差，相对较好的科目也仅仅是及格水平，唯有化学成绩是优秀。其实化学实验非常有意思，不信你试试，我相信你试过之后就会热爱它。

化学来源于生活，我们生活的物质世界，时时处处都与化学有关。我们要学会在生活中去体验化学知识，认真理解化学与日常生活的密切关系，用化学知识解释生活中的化学现象，解决化学问题，一定要将理论与实际相联系。比如温室效应的原因有两个重要因素，一是全球化石燃料用量猛增排放出大量的CO_2，一是滥砍伐导致森林面积减少，吸收CO_2能力下降。当我们在烧水时，水中的碳酸氢钙受热，逐渐分解：$2CaHCO_3 \rightarrow Ca_2CO_3\downarrow + CO_2\uparrow + H_2O$，转变为碳酸钙。将成熟的苹果与未成熟的柿果放置在一起并用一个塑料袋封装好，便可使未成熟的柿果在更短的时间内成熟，其涉及的化学原理即是通过成熟果实释放出乙烯，来促使未成熟的柿果果实内部的乙烯产生，而未成熟的果实在逐渐成熟的过程中，其本身也会释放出大量的乙烯，因而随着所释放出来的乙烯逐渐增多又进一步加速了果实的成熟。酒放置得越久就越香，酒的主要成分乙醇和酒中含量较少的成分乙酸发生酯化反应而生成乙酸乙酯，这一反应属于可逆反应，反应速率较慢，因此放置时间越长，就有越多的乙酸乙酯生成……生活中还有很多类似的化学现象，只要你有发现的心，你的收获就会很大，化学可以让我们从生活的本质中了解事物的发展规律，我们要学以致用。

另外，化学有“易学、易懂、易忘”的特点，要学会小结，定期复习。如何做呢？每学完一章或一个单元要及时小结，最后系统复习。也可严格按照学习习惯章节中《做好作业不简单》和《会不会听课》两节的内容去做，做到及时复习，按时巩固。

六、历史是一面镜子

历史是一面镜子，读史能够明今，以史为鉴讲的也是这个道理，我们在学习历史的过程中一定要记住这一点。中南海毛泽东故居藏书中有一部大字木刻本《二十四史》，它是工作人员根据毛泽东阅读中国古籍的实际需要，于1952年添置的。毛泽东同志特别喜欢读史，不管到哪里总是带着这部史籍，身边的工作人员经常看到他凝神静气地读《二十四史》的身影。毛泽东同志读史之深刻、阅读遍数之多、理解之透彻，无不让人叹服。为什么他这么喜欢看史书呢？读史不但能够根据历史经验汲取治国智慧，而且可以在历史中发现世界发展规律，以发展的眼光看待世界。

作为一名学生，为什么要学习历史呢？除了以上讲的，当然和其他学科一样，为自己个人成长储备能量。历史是经验、教训，是过去人类智慧的沉积，更是我们未来的向导。历史是我们最好的老师，它能教你熔古铸今，惩前毖后，是我们不断学习的源泉，给予我们进步的信心。培根说“读史可以明智”，历史是智慧的宝库，读史不仅可以增长知识、吸取教训，从中继承前人的智慧和阅历，还能使人眼光高远、视野开阔、通达事理。我们可以通过历史课程、古迹、文物、历史典籍等来是为我们进一步感知历史的本真做好积淀。

时间、地域、人物、事件及史论等是历史的关键要素，从这些关键点入手去了解历史史实，才能夯实历史基础知识。在夯实这些知识的基础上，要把历史这张纵横交错的网，通过对人类社会产生重大影响的历史事件为线，以关键历史人物为中心，结合历史事件和历史人物的纵横联系，形成一个总体脉络，从而得到全方位更深入的理解。如果可能的话，建议你可以学一下思维导图，把历史知识用思维导图的方式去梳理，这样脉络会更清晰，理解会更透彻。

在学习历史的过程中，一定要自求自得，博约相辅。不要为读书而读书，应该把所学的知识加以消化吸收，变成自己的东西。要学会挖掘自我潜力，培养和提高自学能力。把历史当成自己个人成长发展的策略去读，既可以从政治的视角去读，也可以从战略战术的视角去读，抑或从民族统一和民族团结的角度去读……

在《忘我》这一节，我讲过学习的状态，在历史的学习中也要用上，要把自己置于特定的历史情境中，就像演员进入角色一样，去体会历史人物当时的心境，从而更深入地感悟理解和认知历史。这样你对历史的学习就会更深入。如学到五四运动，把自己想象成当时的青年，思考在那样的历史背景下，作为一个青年，是如何反对帝国主义和封建主义的，这场运动又是如何直接影响中国共产党的诞生和发展的。学到美国《独立宣言》这个部分，把自己想象成一个美国人，思考作为一个美国人是怎样在英国殖民主义者的压迫下，为追求平等自由而坚决斗争的。

当然，除了上面所说的，要想历史得高分，还要会抓细节。哪些细节呢？我们一定要关注目录标题、插图、地图、注释、年表和大纲教参等隐藏的知识点。看似不起眼的内容，其实里面隐藏了你所不知的考点和知识点，学习这些隐藏着的知识点又可以把其他知识点很好地串联起来，达到各个知识点的融会贯通，掌握好的同学，比较容易得高分。

抱着以史为镜的心态，把历史当成一面镜子，按照以上方式去学习，不但学得好历史，还有利于个人成长。

七、我们神奇的大地——地理

地理这门课其实和我们生存的环境密切相关，是地球上各种自然现象和人文景观的整合。你想想，如果你了解和掌握这门课，是不是对我们生活的这个星球，甚至包括浩瀚无际的外太空有更深入的认知？

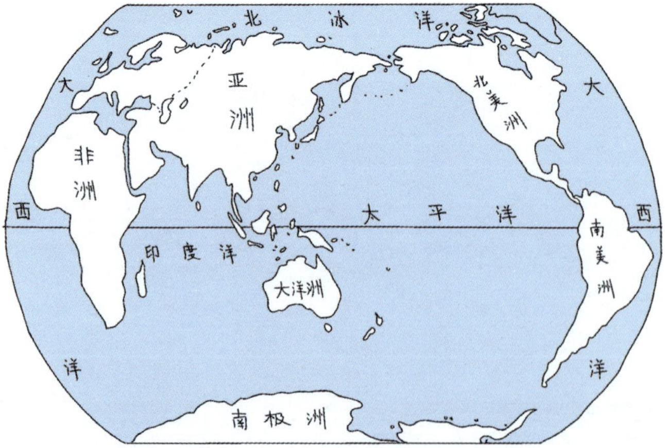

学好地理，我建议家长带孩子多去旅游，全国各地、世界各个角落都转转，旅游的时候不要走马观花，“到此一游”而已。如果这个时候，家长能引领孩子在网上提前做好“备课”，了解当地的气候、水文、地貌、农业、工业、交通、人口等内容，在旅游中边玩边讨论，让孩子在玩中学、在学中玩，这样，既能扩展孩子的地理知识，也能提高孩子的学习乐趣。这个过程切忌太过严肃，一定把“玩”当成主旨。“玩”中让孩子把地理科目所涉及的自然和人文知识都进行扩展。我的一位初二学生，父母请我去做学习习惯和行为纠正，虽然他的习惯不好，成绩整体很差，但地理却很好，初二上期期末考还考了全班第一。我问他为什么地理考这么好，他说喜欢，地理老师一上课他就充满了劲头，下课看书也最用功。后来我从他妈妈那里了解到，因为他妈妈特别爱旅游，从孩子很小的时候一到假期就带孩子到处玩，国内国外，很多地方都去过。所以孩子在很小的时候对地理知识就掌握很多了，对地理的兴趣特别浓厚，到上学时能学不好吗？

有的家长说了，我们没有条件旅游，那怎么办？我们可以和孩子一起多看看探索频道，让孩子多了解一些相关的地理知识，对我们生活的这个世界增加一些了解，与孩子多探讨，提高他们对地理知识的兴趣，同时学会欣赏这个世界的自然和人文美。这样，使初中地理更多关注的“在什么地方？”“有什么样的事物？”“有什么特点？”等问题在平时得到有效的补充，这样孩子在记忆知识点时效率就会提高。高中地理侧重解决的是地理事物的规律及其对人类生产生活的影响，通过和孩子一起探究这些规律的形成原因来为人类社会创造更多价值。同时，这样做可以为高中学习奠定基础。刚才说的那个初二的孩子就特别喜欢探索频道的节目，娱乐的同时就储备了知识。

我经常和我的学生们讲，要学好地理，你要不准备一张地图，要不准备一个地球仪，最好两者都有。地理学习离不开地图（当然地球仪更不错），必须重视地图，识图、用图是学习地理学科需要掌握的最重要的基本技能。我们知道视觉记忆是一种非常快速的记忆方式，而地理这门课就是利用视觉记忆最好的学科。重视图的学习和应用，采用图文结合的方法，对知识的理解才会更透彻，地理的学习才更轻松。平时学习要做到看书与看图相结合，将地理知识逐一在地图上查找落实，熟记，平时要多看地图（还可以填图、绘图），“图不离手”，“左书右图，图文并茂”，把地图印在脑子里，并能在图上再现知识。你可能会认为，看图太浪费时间，不如看书来得快，其实不然。当一个人脱离自己的习惯，会有相当的不舒服，所以做出改变是很难的一件事，特别是学习习惯的改变。记住一句话：“谁改变的意志强，谁就会得到最后的胜利！”

为了更好地了解我们神奇的大地，快快行动起来吧！

八、我和我的小伙伴们——生物

生物是一门了解生命本质的学科。学习生物我们可以正确了解自己，学习人和环境（植物、动物、自然界）之间的关系。学习的过程中，除了要熟记基础知识以外，更重要的是要在这个过程中逐渐明白生命的内涵和价值，感受生命的奥秘。

在学习的过程中，要深入体会每一种生物的存在价值，理解它们所扮演的不同角色，以及在整个生命系统中所发挥的不同作用。要站在整个生命系统这个大框架下看待一个个生命，去了解一个个生命的特点，同时探究每个生命体之间的联结，建立一种整体观。在这个基础上，去探究生命体的奥妙，就会发现每个生命体是作为一个奇特的个体而存在的，在学习生物这门课时就不会觉得枯燥无味了。

我们可以从自己开始，从身边的生物开始，养成日常学习的习惯。利用身边的一切资源去学习，不要拘泥于书本。同时要学会把书本的知识生活化，不刻意死记硬背，利用好大自然的一切，理论联系实际。要能从日常的生活中发现生物的要义，提升自己的观察能力、思维能力和运用能力。首先要知道这个生物体它是什么或者是什么结构。其次，要知道发生了什么变化，比如蝴蝶从胚胎时期到幼虫期这个过程是如何发展的。然后还要明白上述变化是怎样发生的，比如蝶卵这个阶段，精子是如何进入卵内与卵核结合发育成为胚胎的。再者，要明确时间和顺序，比如蝴蝶的一生具有四个明显不同的发育阶段：（1）卵期（胚胎时期）；（2）幼虫期（生长时期）；（3）蛹期（转变时期）；（4）成虫期（有性时期）。最后，要确定是在什么场所或结构中发生这一切的，并思考一下为什么会发生这样的变化。这一过程不但梳理了知识脉络，提高了学习效率，而且使生物的学习变得更好玩、更有趣。

我们要学会利用自然的力量，在自然中学习，我们周围都有动植物生长，农田、草地、树林、公园、花园、动物园、庭院、路旁都会有许多动植物在那里生活，学习有关知识时，到这些地方去考察，实地观察学习有利于知识的掌握。观察时要注意对整体有一个初步的、一般的、粗略的认识后，再分步骤观察对象的各个部分，先看上面、前面，后看下面、后面，由外到内，由表及里，全面地认识观察对象。当然仅仅观察还是不够的，可能的话也要积极动手、做实验，这样更能促进对知识的理解，提高分析问题和解决问题的能力。要学会与我们的生产生活联系起来，生活常识能帮助我们理解生物学知识，当然生物学知识反过来也可以指导我们的生产生活。比如生物学中的许多原理和工农业生产有密切的关系，学习这些原理时，一定要联系实际，看它能否帮助解决生产上的问题。如果某些原理在现实生活中无法印证，可以充分发挥网络的作用，现在的信息技术可以帮助我们把知识解读得更形象，这些都有利于知识的掌握。

生物学科的学习需要记忆和理解并重，既可以“先记忆，后理解”，也可以“边记忆边理解，边理解边记忆”。对于陌生的细胞、组织、有机物、无机物名称和它们之间奇特的逻辑关系，我们需要在记住这些基本的概念术语后再深入理解，即“先记忆，后理解”。做到这些之后，要学会总结规律，找关联，左右对照，然后在规律中“边理解边记忆、边记忆边理解”。让基本的概念术语形成体系，真正弄清知识的内在联系，做到融会贯通。总结归纳也是生物学习中不可或缺的一步。学习时，一定要将分散的知识聚集起来，归纳整理成为系统的知识，将各知识点按照本身的逻辑关系串联起来，形成体系，并学会做纵向比较的同时加强横向联系，在这个过程中抓重点、抓主流。总结归纳的目的和前面所讲的作业法道理一样，把知识点尽量简化，而不是眉毛胡子一把抓，搞大杂烩，那样的话学起来相当痛苦。

九、思想政治培养人生观、价值观

要知道对思想政治的学习就是在培养人们认识世界、了解现实生活的思维方法，是锻炼人思维逻辑的工具。对这门课的学习，一定要注意学习方法的使用和学习能力的培养，随着课程改革，这门课越来越侧重对生活的理解，仅仅靠死记硬背是行不通的，一定要学会灵活运用。

思想政治的学习是对现实世界的经济、哲学和政治常识的学习，简单化对待是行不通的，比如有些人把思想政治与思想政治工作画等号，有些人认为思想政治就是说教，有些人把政治课与行政工作或时事政治相等同……这些都是不对的。一定要站在整个社会层面来理解，这是一个人价值观和世界观的培养过程，是对现有世界各类秩序的学习。

对于思想政治内容的掌握，和其他学科一样，同样要重视预习、听课和复习的效果。在《预习很关键吗？》这一节有讨论预习的方法，对于思想政治这一科，这里还要着重强调的是要学会列提纲，即把主要内容列出来；还要学会找问题，会找问题才会有更深的理解；最后注重讨论，对课程内容的讨论和辩论会加深对知识的掌握。这样在听课的过程中把自己列的提纲同老师讲的内容相结合，做到更好的理解，同时解决预习中遇到的问题，并学会与老师同学进行讨论，强化对知识的理解。至于复习，在《会不会听课》《做好作业不简单》两节中也有详细描述，不赘述。

课后如何把知识巩固得更牢固呢？一定要把握思想政治的精髓——“题目在书外，观点在书内”，这是这门课的特点。思想政治题目的取材是社会上随处可见的内容，但考的中心是不会变的，逃不出书上的知识点。作为学生该如何做呢？首先，还是要牢记知识点，要背书。对基础知识点的熟记是根本，该背熟的一定要背熟，这样考起来准确性才更高，速度也会更快。要记住，这个懒是不能偷的，如果你觉得记起来比较困难，可以通过学习一些记忆技巧来提升学习效率。其次，是理解，要分析梳理。单纯背书只能达到合格的程度，要想优秀，还是要理解。需要把繁杂、冗长的知识进行详细梳理，犹如剥洋葱一样一层一层揭开，对知识进行认真分析，并从整体上把控。对于基本概念、原理这些最基础的知识，一定要理解并记住。要注意层次结构，要了解课本中讲了什么，先讲哪几个问题，后讲哪几个问题，这些问题是从哪几个角度阐述的，又是用哪些事例来论证的，这部分内容

在整个知识体系中处于什么地位，与前面的知识有什么联系，等。最后，是实践，即运用。课本上学到的东西要拿到生活中去运用，要与实际生活进行对照，对比式学习。现在资讯如此发达，思想政治课本上的内容与我们的生活息息相关，我们可以通过媒介找到，理论与实际对照，理解才会更深入，学习起来才容易得多。

因为思想政治是时效性很强的科目，它的考试范围肯定会联系到当前一些时政要闻、社会热点。掌握时事也是很重要的，我们可以上网看、听新闻或者听老师的讲解，积极关注国际国内大事，不仅扩大视野，也拓展思维。如果留心你就会发现，平时关注国内国外时事政治的学生，思想政治考试，特别是高考的成绩往往就会比较好，正是有了平时时政的知识储备，思维才更开阔，思想政治考试本身就与现实热点结合得很紧密。生活是随时在变化的，由于教材的长期性以及使用的时限性，教材做不到及时反映现实，存在滞后性，在一定程度上讲教材与现实有脱节的部分。这就需要我们在学习思想政治时，关注生活的变化，及时把最新的信息补充进来。我的一位来访者，由于抑郁症，初中三年在学校的学习断断续续，三年在校学习时间加起来都不到其他学生的一半。初三复习时，发现很多科目都很吃力，但政治是个例外，他从不为政治担心，主要是这位学生关心时事政治，并有自己的见解，有时候在咨询时还会和我讨论他对课本内容的个人理解。最终，他在成都中考会考的时候拿了折合分最高分（成都的会考成绩，总分 100 分只要考 80 分以上，就折合中考成绩 20 分，20 分是政治最高分）。

第五章

独立能力

一个人是否得到了充分成长，
不是看他获得了什么学位，
也不是得了多少证书，
而是看这个人是否拥有独立的人格！
一个越来越独立的人，
才能真正获得成长！

一、离开父母你该怎么办？

有一个著名的相声叫《懒汉》，讲述的是一个懒汉在家里什么也不干，什么也不学，话都不想多说，甚至母亲把大饼挂在他嘴边他都懒得啃一口，天天就知道做美梦，40 岁了还靠自己的妈妈养活。这看似是一个笑话，演绎得有点夸张，但讲述的却是一个社会现实。我们的社会中有多少这样的懒汉呢？

在现实生活中，许多家长非常重视孩子的智力教育，而往往忽略了孩子生活自理能力的培养。什么家务活也不让孩子干，孩子写作业前家长已经把书桌给收拾好了，上小学了吃饭、穿衣还是家长包办的，有的到了初中还不能收拾整理自己的物品，对家长过度依赖。这都是家长过度关心所致，事事为孩子包办，势必割断孩子与周围环境的接触，孩子的自我探索能力逐渐弱化，无法独立获得新的生活经验，导致一些孩子丧失了自我。如果孩子大大小小的事都在家长的保护下处理，久而久之，孩子会丧失独立性，丧失克服困难的意志和能力。

我的一位学生，家长为了孩子有更好的教育环境，把孩子送到省城上学。享受好的教育环境，获得优质的教育资源，这本身没有什么问题。但是这位家长，只会让孩子学习，除了学习什么也不让孩子做。小学的时候因为学习习惯问题带孩子来见我，我就发现孩子的生活自理能力偏差，引导家长去修正，上了几次课以后，家长觉得好像我讲的方法对快速提升孩子的学习没有作用，就中断了咨询。到初二的时候，家长给我打电话说要送孩子过来上课，因为孩子现在遇到困难就放弃，遇到问题就逃避，成绩根本提升不了，甚至影响到了亲子关系，母女二人犹如敌人，水火不容。这个案例是典型的孩子独立能力欠缺、依赖性过强的案例。孩子小学阶段自我意识不是很强，没有自己独立的人格，家长让做什么就做什么。由于天天补课，分数掩盖了这个孩子的问题；到初中后，孩子有了自我意识，家长的要求和强压不好使了，孩子独立解决问题的能力又没有得到很好的培养，导致问题最终暴露出来。

以吃饭为例，聪明的家长在这件事上的态度和做法是孩子吃饭必须自己决定喜欢吃什么，不喜欢吃什么，或者自己是否吃饱了。如果明明没有吃饱，而是因为贪玩而不再吃，那么过一会儿他就要挨饿，那是他自己的选择，他必须承担后果，真正尝到苦处，下一次就不会再犯。我常说，犯错误是人生不可缺少的学习过程，儿童教育学对这一认识尤其重视。我们相信孩子的生活是孩子自己的生活，不管现在还是将来，孩子只能过自己独立的生活，所以必须尽早培养孩子独立生活的能力。

要培养孩子的独立生活能力，首先要培养孩子的独立意识。让孩子学会自己安排自己的生活、学习和劳动，自己的事情自己做，遇到问题和困难自己要想办法解决。学会自我观察、自我体验、自我监督、自我批评、自我评价和自我控制等，培养孩子的时间观念，让他知道什么时候应该做什么事情，什么时候不该做什么事情，如果自己选择做一件事就要做好。其次，要让孩子有生活的自理能力。买菜、做饭、打扫卫生、洗衣服、整理内务等，这些都需要孩子从小开始主动参与，融入生活，体验生活，养成孩子的自理能力，养成好的生活习惯。最后，要注意筑建孩子的人格长城。要为孩子建造一个良好的人生平台，让孩子懂得做人，懂得成功的真正含义。孩子对生命有正确的认知，要有梦想，懂得保护自己，学会和别人分享自己的喜悦与痛苦。这样的人生才会完整。如果这些东西不具备，即使门门功课都考第一名又有什么意义呢？

二、素质的提升靠磨炼

小王是一名解放军战士，小时候非常调皮，在上学的时候什么“坏事”“糗事”都干了，在学校基本属于那种“男生见了追着打，女生见了讨厌”的人，班主任老师也早想把他从学校赶出去了。上到初二的时候，小王感觉学校实在不是他待的地方，就向父母提出辍学的要求。父母死活不同意，但小王认为自己学习差，同学关系不好，在学校真的混不下去了，就毅然决然地离开了学校。

父母知道他不去学校了，很是生气，警告说“如果不上学，不会管你”。但小王感觉自己确实不是读书的料，不管就不管，自己养活自己，完全没有把父母的警告当回事。那年他十四岁。

到了社会上之后，他才发现完全不是自己想的那么回事，生活的艰辛几乎让他承受不了。在饭馆里刷碗，在塑料厂打零工……干了不少事情，但总是东一榔头西一棒槌，生活也是饥一顿饱一顿。这时父母严格履行着自己的“诺言”，不上学什么也不管。小王没有办法，继续过着“流浪式”的生活。一次，他在一个装修队帮工，看到懂得装修技术的人比自己工资多几倍，感觉学门技术才能生存。于是，他找到老板，请求收他当学徒，他一分钱不要，只要管饭就行。老板看他很有诚意，就把他留下了。

当学徒的生活很是艰辛，但十四岁的小王一直硬咬着牙干下去。他白天跟师傅干活，晚上自己琢磨，仅用了一年时间，他的技术已经赶上师傅了。

这时的小王知道，给别人打工永远只能被别人牵着鼻子走，自己没有主动权，得自己当老板才行。于是，他就不失时机地和老板搞好关系，最终获得老板青睐，让他承包了一些小工程。就这样，他慢慢有了自己的施工队，有了自己的公司，工程也越做越大。两年时间，除了拥有自己的车子和房子，银行还有一笔可观的存款。用他的话说，“那可是扬眉吐气了”，感觉自己是杨白劳翻身当主人了。

可能是由于文化水平的欠缺，加上人格还不够成熟，拥有“事业”的小王经受不住外面的诱惑，他逐渐堕落，迷上了赌博。精心经营的公司在一年之内被他赔光了，存款没了，车子没了，房子也成别人的了，他又变得一无所有。他的名声又“恢复”到了从前，别人也不再信任他了，那年他十八岁。

小王回到了起点，这时的他陷入了沉思，该做什么？怎么做？经过一番思想斗争，他认为之前他的成功是父母迫使他在困难和挫折中不断成长获得的。他最后选择了当兵，他觉得到部队既可以锻炼自己的意志，又可以学到不少文化知识，自己的人格才能不断得到完善。就这样，他开始了人生的第二次征程……

这是小王在找我进行心理咨询时向我描述的他当兵之前的个人经历，亲爱的父母，你们从中能有什么感悟？一个“坏孩子”，一个初中还没毕业的“后进生”，经历了生活的艰难困苦，你们觉得他成长了吗？我们不妨把书先放下，暂停两秒钟，考虑考虑。

他明白是困难和挫折使他能够拥有人生的第一桶金，但由于人格的不成熟这些“金子”很快便消失了。他反思后找了原因，只有不断磨炼自己才能够使自己逐步成长。他来到了部队，一个可以锻造自己的大熔炉。天天高强度的体能训练他能忍受，用他的话说“这些我早已经尝过了”，但文化学习却令他举步维艰，他意识到自己跟别人确实有很大差距。

不过，他明白自己最缺的是什么，他不断努力，刻苦学习，时刻不忘提醒自己。不但在体能上加大训练强度，而且在文化上紧追战友，他不断锻炼自己坚忍不拔的毅力，最后他成功了！

两年的义务兵役服完了，领导找他谈话让他留队。部队的那点儿工资对他来说不值得一提，但他还是留下了，他觉得自己还需要磨炼。之后的日子，他不但把自己的本职工作干得很好，不断提升自身素质，而且他懂得奉献，充分利用自己的装修技术为部队建设贡献力量，得到了领导的赏识和战友们的齐声赞扬。

他最后一次找我咨询的时候，是他一期士官服役将满，准备离开部队的时候。他说，在部队这些年，他很感谢战友们的帮助，他想到社会上发展了，看我能不能再给他提一些建议。

我相信他将来无论做什么事情一定能够做好！一个人经历了这么多，会有自己的感悟，拥有自己的成长。

如果在你身上发生了出现问题而不能很好地解决的情况，只能说明你的成长还不够，你还需要依靠一些困难和挫折打磨自己。

三、跨过障碍获得创造力

不知道你看到过这种现象没有，一个两三岁的孩子不小心跌倒后，父母迫不及待地把孩子扶起来，边扶边说：“摔坏我的乖乖了，这块地儿怎么这么可恶啊！我们打它……”这时他们抬起脚跺起地来……

遇到这样的事情，你会怎么想？其实，这一跌不要紧，孩子的一个成长良机被父母错过了。如果一个孩子不管遇到什么困难和挫折，父母都无条件帮助，那这个孩子还怎么成长？他哪还有自己成长的机会？孩子是在不断克服困难和挫折中成长的，克服一个困难、经历一次挫折，孩子的创造力才能够增强一次，自身能力才能提高很多。

爱迪生如果没有克服数不清的困难，我们今天说不定还生活在黑暗之中。陈景润如果不克服重重障碍怎么能够完成哥德巴赫猜想？

许多父母常犯这样的错误，当孩子遇到困难和挫折的时候，马上给孩子一个答案或者帮助孩子去解决，让孩子完全失去了自主性。殊不知，这样做可能会影响孩子的一生，因为你这样做一次，孩子的创造力就被磨灭一次。

当你的孩子遇到困难的时候，你应该去鼓励他、支持他，让他勇往直前，不断努力。千万不能在孩子兴趣十足、昂首挺胸去克服困难的时候，拉他的后腿，那样，你可能毁灭了一个天才，中国可能又少了一个陈景润。

其实，孩子遇到困难时，父母可以做的是一些辅助性的工作。多提出一些问题开拓孩子的思路，提示孩子如何去思考，让孩子自己去想。或者在他确实快丧失信心的情况下，给他一些提示，让他自己去解决，如“你可以到图书馆查某某资料”等，要善于引导孩子。

如果说孩子遇到的困难超出自己的能力范围，不妨让孩子多想想，在他做过一些工作之后，再循序渐进地帮助他也不迟。父母要经常以启发、诱导的方式，为孩子提供思考的空间，让孩子的思考能力得到尽可能的锻炼，孩子所问的问题会越来越深刻，其创造意识也会越来越强。

这里，讲一下我身边的一个孩子的例子。孩子父母非常娇惯他，什么事情也不让他做，他都上大

学了，还严重依赖家里，衣服不会洗，洗澡还得大人领着，根本不用谈去独立创造世界了。一个孩子没有独立能力应该怪谁？他自己本身肯定有不可推卸的责任，但最主要的还是父母。

有一天，这个孩子发短信给我，内容是这样的：

“哥，你能不能告诉我什么是山寨文化？”我忽然一愣，我们相隔三千多千米路程，平时很少通电话，怎么一来就问这个事情？我带着疑问发了个信息：“干什么问这个？”

“我在考试，这是考试题。”他立即回过来。

“臭小子，学会作弊了？”我心里一下子来了气。

“不会就不要做，考后慢慢学！”我毫不客气地回了过去。

一个经常被我训斥教育的孩子居然为了一道考试题求助我，胆子够大的！

如果他父母知道，会不会告诉他这样不对，我不得而知。但我知道他下次不敢在我身上打歪主意了。这可能会让他明白，很多问题是靠自己解决的，旁人帮不了他。

大学毕业后，由于家是农村的，父母对他大学后的发展几乎帮不上忙，他去餐厅当过服务员，摆过地摊……经历了各种碰壁之后，选择了考公务员，最后他考上了我国偏远地区的一个事业单位。考上后，由于明白了生活的不易，他天天加班，努力工作，最近听说发展还算可以。

> 这个孩子最后能够成长，是社会这个大熔炉锻造了他，他最终克服困难把障碍跨了过去，得到了一份稳定的工作。

一定要给孩子去克服困难的机会，跨过障碍获得创造力！这个机会给得越早越好！

四、美德的形成需要助推器

中国的父母在培养孩子美德的时候，往往要讲很多大道理，不断地往孩子脑子里“灌”东西，很多时候，孩子反感厌恶，根本谈不上能吸收多少东西。也有很多父母不断地给孩子讲传统故事，希望孩子从中得到启发，殊不知现在的孩子根本不吃这一套，他们觉得你所讲的都老掉牙了，根本不能适应现在社会的发展，甚至会反驳你不与时俱进。你可能会问，难道作为父母我们什么事情都不做了，让孩子随着“现代化”步伐，走自己的路吗?

这当然不行，孩子的美德形成，需要我们的助推。不过不用忙得死去活来的，只要我们稍稍布置一些沟沟坎坎，让孩子用心体会就行了。这里，我还是借事例向大家阐述一下。

李亚在襄樊市的一所重点中学里读高一，他的家远在 200 多千米外的农村。父母为了他能顺利地考入大学，节衣缩食，把成绩优异的儿子送到了这所重点中学。为了不影响学业，李亚寄宿在学校，爸爸和他约定：每月 15 号给他寄 500 元的生活费。

刚开始时，李亚用钱既无计划也不节制，三天两头与同学到校园周边的餐馆挥霍。结果入学第一个月还没完，他的口袋里就只剩几个钢镚了。他只得打电话向爸爸哭诉，爸爸容忍了他无计划无节制的做法，提前把第二个月的生活费给他汇了过来。然而李亚却没有吸取教训，第二个月、第三个月还是和第一个月一样提前透支。

眼看约定的第四个月的收款日子还遥遥无期，李亚又一次捉襟见肘，只剩下 30 元钱了。万般无奈的他只好硬着头皮给家打电话，一接通就说："爸爸，我饿坏了。"爸爸这一次"狠心"了，只简短地说了句"儿子，饿着吧"，就挂了电话，李亚再打时就无人接听了。

说来也怪，在只有30元钱的将近半个月时间里，李亚绞尽脑汁精打细算、节衣缩食，竟然把这段艰难的日子熬了过来。

从此，李亚懂得了细水长流的道理，学会了精打细算。他惊奇地发现：只要稍稍节制一下不必要的支出，每月400元的生活费就绰绰有余了。这样一来，李亚每个月甚至还可以积攒近百元的钱，他用这些钱买了自己喜欢的书，还给灾区的小同学捐了款。第一学期结束时，他还用自己省下的钱为父母买了些礼物带回去。

父亲“狠心”的一句“儿子，饿着吧”，非但没有把儿子饿坏，反而饿出来的是儿子简朴节约的品质和精打细算过日子的自立精神。

如果李亚的父亲第四次仍依着李亚，继续给他打钱，李亚能有这样的变化？他能够勤俭节约？能够很快懂得用自己的爱心去帮助别人？可见，困难和挫折在适当的时候可以使孩子的品德修养得到很大的提升。作为父母，应该给孩子创造这样的机会，让孩子在克服困难和挫折的过程中，不断提升自己的道德修养，为以后的成长发展奠定良好的基础。

五、好的学生不是老师教出来的

“好的学生不是老师教出来的”，这句话可能是我们经常听到的，可为什么很多家长和孩子没有很好地利用呢？真正的好学生都是有自我学习能力的，被家长逼出来的孩子不多，成绩好的孩子基本上都会自我学习。反过来说，如果某个人的成绩是被动的，被逼出来的，这种逼迫没有发展成为自我学习的能力，这类孩子将来的发展前景也不会很好。即使工作以后，在同样的平台，这类孩子也一定不如那些有自我学习能力的孩子发展得好。

我常跟学生讲，学习以及生活中的诸多事情都是有办法去解决的，如果我们没有解决问题的决心，不思考遇到问题该如何解决，而是盲从依赖，最终都会成为生活中的矮子、学习中的弱者。对于学生，盲目补课，根本没有明白为什么补课，补课的作用是什么，这些都是盲从依赖的表现，没有自我学习能力。所以说，作为家长，你们要明白如何提升孩子的自我学习能力，而不是盲目跟风，孩子成绩一下滑，不管三七二十一，报个培训班完事，根本没有分析孩子的问题。我经常说，问题没有找准就忙着解决问题都是瞎胡闹，对孩子的帮助不大。

一些补课刚开始对孩子确实有很大的帮助，这时候补课是没有问题的，但很多家长和孩子看到这点帮助，就一直补下去，结果后期对孩子的提升不是很大，这就需要调整了。往往在这个时候家长没有帮助孩子找问题的症结，而是盲目地一直补下去，因为害怕不补孩子的成绩会下滑，最终失去了补课的意义。

“补”，其实应该是查漏补缺，而很多家长和孩子把补课当成了“必修”，不补好像孩子永远不行一样，社会培训机构夸大宣传，加上中国家长的望子成龙心切，社会的浮躁，导致家长和孩子迷失了方向。当然这有社会的问题，但是家长要记住事物的本质是什么，脱离了事物的发展规律，就是有问题的，这一点一定要记清楚。群体本来就具备被传染、易受暗示的特性，所以切忌盲从。

真正优秀的学生，都知道自己缺什么、需要什么。他自然会寻找适合自己的学习方式。家长可以多看看全国各个省份高考状元的介绍，可以分析一下他们为什么会得到那么高的分数。我看每一个人都有自己对学习的思考，除了掌握常规的学习方法之外，无一例外都具备解决问题的能力，更主要的是每个人都明白如何该更好地应对考试，如何更好地学习。2017 年近七成状元表示“在高中阶段并没有参加课外补习班”，2016年这一数据则为86.11%。虽然状元们花在课外补习班、兴趣班的时间较少，但并不意味着状元们就是“书呆子”，相反，他们也有非常丰富的课余活动。在“从小学到高中参加过的活动”一题中，有72.5%受访状元都表示参加过学校的社团活动，而62.5%的状元参加过文艺类活动。

我们回头谈谈什么是好学生，其实好学生不应该只是分数高而其他方面弱，好学生应该是德、智、体、美、劳全方位发展的，应该是具有综合素质的人。只有具备了综合素质，一个人的内在能量才会最强，才有力量去做事情。如果只是成绩好，那无非是个“书呆子”。有一档电视节目讲了这么一个故事：一个博士毕业的女生，长得微胖，老觉得自己长得丑，而屡屡相亲不中。在节目中这位女博士控诉自己的母亲对自己过分控制，不愿意去相亲，不是不喜欢男生，是对相亲有恐惧感。从小，孩子的母亲就只让这个女生学习，阻断了女孩和异性交往的道路，就这样，女孩成了学习上的巨人，却变成了生活中的矮子，母女俩回想起来都十分后悔。当然，任何时候改变都不晚，作为家长，我们如果能够更早地意识到这些问题，孩子的好运是不是就能更早到来一些？

2017年浙江高考取得优异成绩的王雷捷谈到学习心得："第一点，我觉得要做好笔记。我有很多笔记本，比如语文科目，就有记录字形、字音等的本子，分门别类做好记录，有六本。考试复习的时候特别高效。数学等科目也是一样的。第二点，我只买一套参考书，参考书太多，我觉得不好。一不成系统，二也忙不过来，看着这么多参考书练习册都空着，内心反而不爽。第三点，跳出高中的知识圈去看待高中的知识。我在参加了数学奥赛之后，学了一些大学的数学知识，虽然考试时用不着，但觉得还是很有收获。"2017年四川理科状元黎雨佳这么谈她的学习方法："学习并不会占太多时间，主要在抓重点。我平时学习的时候，都会提炼关键点，比如在复习生物、数学时，把每一个章节的内容都学扎实，提炼出重点，再配合刷题，但是每个人有不同的学习习惯，找到适合自己的才是最好的。"每一场考试都涉及排名，所以她也会有压力，她养成了每周写日记的习惯，将自己的压力和情绪都写进日记中。日常放松时她喜欢看小说、散文、历史类书籍。2016年北京文科状元俞笑同学的学习方法：一是效率，二是做计划。俞笑在分享中强调高三学习时间紧迫，因此效率非常重要，在学习时一定要做到迅速进入状态。对于做计划，俞笑有自己的心得：计划一定要细致，以十分钟为单位最好。她推崇计划越具体越好，太大的计划将让你无所适从。学习是日积月累的事情，例如英语单词及语文诗词等，俞笑同学会充分利用闲散时间来学习。她说，学习是个过程，类似于走钢丝，不要只看重结果，享受过程也是一种快乐。对于学弟学妹，俞笑给出了最切实的建议：高一是打基础的阶段，需要多读书，注重知识的积累，为高三复习抢占先机；高二则是拓展阶段，需要深化思想、关注社会、体会生活；而到了高三，前期的积累和后期的激发，则需要保持认真而不紧张的学习态度，不焦躁，专注于学习过程。

还有很多例子，这里就不一一列举了。从这三个例子中我们可以看到，学习优异者都有自己的一套方法，为什么会是这样？因为这是他们学习过程中对自己学习问题的总结，这些方法适合他们自己。

很多家长在看到一些方法后，盲目用在自己孩子身上，而不是取其精华，寻找适合自己孩子的方法。其实，每个人每个阶段都需要不同的方法。就像本书中我所讲的，学习状态出问题调整学习状态，学习习惯不好修正学习习惯，学习方法欠缺改善学习方法，学习能力弱提升学习能力。只要你学会找自己的问题，有能力解决自己的问题，提高成绩就会是一件很小的事情。把解决问题的这个过程做好了，你也会是学霸，也会成为优等生！

好的学生不是老师教出来的，切记！切记！

图书在版编目（CIP）数据

自主学习时代：不上补习班，该如何学习？ / 郑耀宗著. -- 成都 : 成都时代出版社，2022.4
ISBN 978-7-5464-3056-0

Ⅰ. ①自… Ⅱ. ①郑… Ⅲ. ①中小学生－学习方法 Ⅳ. ① G632.46

中国版本图书馆 CIP 数据核字（2022）第 035153 号

自主学习时代：不上补习班，该如何学习？
ZIZHU XUEXI SHIDAI BUSHANG BUXIBAN GAI RUHE XUEXI
郑耀宗　著

出品人　达　海
总策划　邱昌建　李若锋
责任编辑　张　旭
责任校对　李　佳
装帧设计　成都九天众和
责任印制　车　夫

出版发行　成都时代出版社
电　　话　（028）86742352（编辑部）
　　　　　（028）86615250（发行部）
网　　址　www.chengdusd.com
印　　刷　成都博瑞印务有限公司
规　　格　145mm×210mm
印　　张　6.375
字　　数　140 千
版　　次　2022 年 4 月第 1 版
印　　次　2022 年 4 月第 1 次
书　　号　ISBN 978-7-5464-3056-0
定　　价　45.00 元